www.ingramcontent.com/pod-product-compliance
Lightning Source LLC
LaVergne TN
LVHW010605070526
838199LV00063BA/5087
* 9 7 8 9 3 5 8 7 2 7 5 5 5 *

کراچی کی کہانی

(تذکرہ)

مصنف:

پیر علی محمد راشدی

© Taemeer Publications LLC

Karachi ki Kahani

by: Peer Ali Muhammad Rashidi

Edition: December '2023

Publisher :

Taemeer Publications LLC (Michigan, USA / Hyderabad, India)

ISBN 978-93-5872-755-5

مصنف یاناشر کی پیشگی اجازت کے بغیر اس کتاب کا کوئی بھی حصہ کسی بھی شکل میں بشمول ویب سائٹ پر اَپ لوڈنگ کے لیے استعمال نہ کیا جائے۔ نیز اس کتاب پر کسی بھی قسم کے تنازع کو نمٹانے کا اختیار صرف حیدرآباد (تلنگانہ) کی عدلیہ کو ہو گا۔

© تعمیر پبلی کیشنز

کتاب	:	**کراچی کی کہانی** (تذکرہ)
مصنف	:	**پیر علی محمد راشدی**
پروف ریڈنگ / تدوین	:	اعجاز عبید
صنف	:	تذکرہ
ناشر	:	تعمیر پبلی کیشنز (حیدرآباد، انڈیا)
سالِ اشاعت	:	۲۰۲۳ء
صفحات	:	۷۸
سرورق ڈیزائن	:	تعمیر ویب ڈیزائن

یادش بخیر

کراچی

جو کراچی ہم نے آگے دیکھا تھا اُس کا اب نام و نشان باقی نہیں رہا ہے، سوائے چند پرانی عمارتوں کے، جن کی کھڑکیوں میں دھوئے ہوئے گندے میلے کپڑے دھوپ میں سوکھنے کے لیے لٹکے ہوئے ہیں۔

کیا حال سناؤں پرانے کراچی کا؟ لفظوں کے لباس میں اُس ماحول کو سامنے نہیں لا سکتا۔ وہ کراچی شہر نہ تھا، گلشن تھا، گلستان تھا۔ آبادی ڈھائی تین لاکھ کی تھی۔ صفائی میں پورے برصغیر میں پہلے نمبر پر۔ وہ تین لاکھ کی آبادی خوش حال، صاف ستھری اور عمدہ تھی جسے اپنے شہر کی شان کا پورا احساس تھا۔ لوگ سڑکوں پر نرمی سے قدم رکھتے تھے جیسے پیروں کے نیچے پھول بچھے ہوں۔ یعنی سڑکوں تک کا احترام ملحوظ رکھا جاتا تھا۔ بڑی بات یہ کہ نہ غنڈوں کا خوف تھا نہ چھُرا بازوں کا، نہ لٹیروں کا نہ مسجدوں سے جوتیاں چُرانے والوں کا، نہ مکھیوں کا نہ مچھروں کا۔ اس قسم کے لوگوں یا کیڑے مکوڑوں کو جرأت ہی نہ ہوتی تھی کہ کراچی کا قصد کریں۔ پورے شہر میں دو سٹی میجسٹریٹ ہوتے تھے ___ رچرڈسن اور تلاٹھی پارسی ___ جو زیادہ تر ٹریفک، سڑک کی رکاوٹوں یا جانوروں کے ساتھ

بے رحمی کے متعلق معمولی مقدمے چلایا کرتے۔ جانوروں کا ذکر آیا ہے تو یہ بھی سن لیجیے کہ کراچی کے جانوروں کے حقوق کا بھی احترام کیا جاتا تھا۔ کسی گاڑی والے کی مجال نہ تھی کہ مقررہ تعداد سے زیادہ سواریاں بٹھائے یا بیمار یا زخمی جانور گاڑی میں جوتے۔ جانوروں کے ساتھ بے رحمی کے واقعات روکنے کے لیے باقاعدہ سوسائٹیاں ہوتی تھی اور ان کے عہدے دار اور آنریری میجسٹریٹ روز شہر میں گھومتے تھے۔ زخمی جانوروں کے علاج کے لیے ایک بڑا اسپتال تھا اور ان کی پیاس بجھانے کے لیے ہر چوک پر ایک فوّارہ بنوایا گیا تھا جس سے رات دن ٹھنڈا پانی نکلا کرتا۔ یہ فوّارے زیادہ تر مالدار پارسیوں نے اپنے مرحوم بزرگوں کی یاد قائم رکھنے کے لیے بنوائے تھے۔ ہندوؤں نے گئوشالا کھول رکھی تھی جس میں بیمار یا ریٹائرڈ گائیں، بیل اور بھینسیں رہتی، کھاتی پیتی اور زندگی کے باقی ماندہ دن پورے کرتی تھیں۔ دو واقعات کراچی والوں کی انسانیت اور رحم دلی کے مثال کے طور پر سناتا ہوں۔ مسٹر جمشید مہتا کراچی میونسپلٹی کے صدر تھے اور سالہا سال بلا مقابلہ اس عہدے پر منتخب ہوتے رہے۔ ۱۹۳۰ کے آس پاس مَیں بندر روڈ سے گزر رہا تھا۔ دیکھا کہ جمشید مہتا پیدل ایک زخمی گدھے کو لے کر اسپتال کی طرف جا رہے ہیں۔ ان کی موٹر ان کا ڈرائیور پیچھے پیچھے چلاتا آ رہا تھا۔ تماشا دیکھنے کے لیے میں بھی اسپتال کے برآمدے میں جا کھڑا ہوا۔ جمشید نے اپنے سامنے گدھے کی مرہم پٹّی کرائی اور ڈاکٹر سے بار بار کہتے رہے کہ زخم کو آہستہ صاف کرے تاکہ بے زبان کو ایذا نہ پہنچے۔ مرہم پٹی ختم ہوئی تو ڈاکٹر کو ہدایت کی کہ گدھے کو ان کے ذاتی خرچ پر اسپتال میں رکھا جائے، اور دانے گھاس کے لیے کچھ رقم بھی اسپتال میں جمع کرا دی۔ دوسری طرف گدھے کے مالک سے بھی کہا کہ جب تک گدھے کا علاج پورا نہ ہو جائے اور وہ کام کرنے کے قابل نہ ہو جائے، تب تک وہ اپنی مزدوری کا حساب اُن سے لے لیا کرے، اور یہ کہتے ہوئے کچھ

نوٹ پیشگی ہی اسے دے دیے۔

دوسری بار میں نے ایک اَور سربر آوردہ پارسی جہانگیر پنتھکی کو دیکھا کہ وہ الفنسٹن اسٹریٹ پر ایک کرائے کی وکٹوریا گاڑی کو پولیس کی مدد سے روکے کھڑے ہیں اور کوچوان سے بحث کر رہے ہیں۔ بحث کا موضوع یہ تھا کہ گھوڑا بہت لاغر اور بیمار ہے، اس لیے مناسب ہے کہ گھوڑے کو گاڑی سے الگ کر کے دو چار دن اس کا علاج کرایا جائے اور دانہ گھاس کھلا کر اسے کام کے قابل بنایا جائے۔

کوچوان کہیں باہر سے آیا ہوا تھا۔ اسے کراچی کا دستور معلوم نہ تھا، اس لیے وہ پنتھکی کی بات سمجھ نہ سکا، ان سے تکرار کرتا رہا اور آخر غصّے میں آ کر چابک مار کر گاڑی آگے بڑھانے لگا۔ پنتھکی فرسٹ کلاس میجسٹریٹ بھی تھے۔ انھوں نے پولیس سے کوچوان کو گرفتار کرا کے جیل بھجوایا، گھوڑے کو اسپتال بھیجا اور گاڑی کو دھکیلوا کر صدر پولیس تھانے کے احاطے میں کھڑا کرا دیا۔

یہ واقعات بیان کرنے کا مقصد یہ دکھانا ہے کہ کراچی کے حیوانوں کی بھی عزت اور شان تھی، ان کے بھی قانونی حقوق تھے جن کا احترام کیا جاتا تھا۔

کراچی سے میرا تعارف پہلی بار شاید ۱۹۱۷ کے لگ بھگ ہوا تھا۔ پہلی عالمی جنگ جاری تھی، مگر ہمیں فقط اخباروں کے وسیلے سے خبر پہنچتی تھی کہ ایسی کوئی جنگ ہو رہی ہے، ورنہ روزمرہ کی زندگی پر اس کا کوئی اثر نہیں تھا، انگریز نے ایسا اچھا بندوبست کر رکھا تھا۔

آج کل تو سواری کے تیز ذریعوں نے پوری دنیا کو سکیڑ دیا ہے، مگر اُن دنوں کراچی کا سفر بھی بڑا سفر سمجھا جاتا تھا۔ لوگ بہت پہلے سے تیاریاں کرتے، یار دوستوں کو اطلاع دیتے کہ آب و ہوا کی تبدیلی کے لیے کراچی کے سفر کا قصد ہے۔ کراچی کو انگریزی داں

"کراچی" کہتے تھے اور عام گنوار لوگ "کاراچی"، کراچی ابھی "کِرانچی" نہیں بنا تھا۔

اس سفر کے لیے موزوں موسم مئی، جون، جولائی کا ہوتا تھا جب بالائی سندھ میں گرمیاں اور مچھر لوگوں کی جان عذاب میں کر دیتے تھے۔ روپوں کی ریل پیل تب چھوٹے موٹے زمینداروں کے پاس بھی نہ ہوتی تھی۔ اُس زمانے میں وڈیرے کراچی تبھی جاسکتے تھے جب ربیع کی فصل اترے، جنس بکے اور بیوپاری دھوتی کے پلّو سے نوٹوں کی گڈی اور سکوں کی تھیلی برآمد کر کے رقم ان کے حوالے کرے۔ بیوپاری بھی اُستاد ہوتے تھے، انھیں خبر تھی کہ جب سخت گھُٹن ہو گی اور مچھر وڈیرے کی نیند حرام کر دیں گے، اُس وقت وڈیرا کراچی جانے کے لیے بے تاب ہو کر جنس اونے پونے داموں ٹھکانے لگا کر بھاگ جائے گا۔ ان دو تین ہفتوں میں وڈیرے اور بنیے کے درمیان دلچسپ کھینچا تانی چلتی رہتی۔ آخر وڈیرا تنگ آ کر سستے داموں انبار بیچ کر کراچی جانے کے لیے کمر کس لیتا۔

صدر کے علاقے میں انگریز رہتے تھے، اس لیے بے ادبی کے ڈر سے وہ صدر [کینٹ] اسٹیشن پر نہ اُترتا، سیدھا سٹی اسٹیشن پر جا کر سامان اتارتا۔ دو آنے قلی کو دے کر بستر بند میں لپٹی رَلی اور لوہے کا صندوق باہر نکلواتا اور آٹھ آنے کرائے پر وکٹوریا گاڑی کر کے بندر روڈ پر مولو (مولے ڈنا) مسافر خانے میں جا اترتا۔ وہاں خاص کمرہ لے تو آٹھ آنے کرایہ اور عام کمرہ لے تو نامِ مولا مفت! سخت گرمی سے نکل کر ٹھنڈی آب وہوا میں آنے کی وجہ سے پہلے دو چار دن تو نزلے زکام میں الجھ کر وہیں پڑا رہتا۔ بہت ہمت کرتا تو مولانا حکیم فتح محمد سیوہانی مرحوم کے دواخانے تک چلا جاتا۔ وہاں زکام کی پھیکی گولیاں پہلے سے موجود ہوتیں۔ حکیم صاحب مٹھی بھر کر گولیاں دیتے اور ہدایت کرتے کہ جب تک زکام ختم نہ ہو جائے باہر نہ نکلے، مبادا نمونیا ہو جائے۔

غرض یہ تھا کہ اُن حالات کا جس کے تحت سندھ کے دیہات کے لوگ کراچی کی زیارت یا سیّاحت کے لیے آتے تھے۔

خوش قسمتی سے ان حالات کا اطلاق ہمارے گھر پر نہ ہوتا تھا۔ کراچی کے بڑے بڑے بیوپاری اور مالدار میمن ہمارے بزرگوں کے مرید تھے۔ گرمیوں کا زمانہ آتا تو وہ خود پہلے سے سارا بندوبست کر لیا کرتے۔ فقط ہمارے پہنچنے کی دیر ہوتی۔ کراچی پہنچنے پر رہنے کے لیے محل ماڑیاں، سواری کے لیے دو گھوڑوں والی گاڑیاں (بعد میں موٹریں) اور کھانے پینے کے لیے ہر روز ہر کھانے پر سات غذائیں تیار۔ کھاؤ پیو، گھومو پھرو، خدا کا احسان مانو اور بڑوں کے کیے کمائے کے لیے ان پر صلوٰۃ و سلام بھیجو۔

ہماری روانگی گاؤں کے ریلوے اسٹیشن نصرت سے شام کے وقت ہوتی۔ کراچی کے تصوّر میں دل اُچھلتا کہ ابھی جنگل کے جہنّم سے نکل کر کراچی کی جنّت میں پہنچ جاتے ہیں۔ بارہ گھنٹے کا سفر ہوتا تھا۔ سیکنڈ کلاس کے ڈبے اکثر ہمارے اسٹیشن سے خالی گزرتے تھے اور فقط لاڑکانے پہنچنے پر دوسرے مسافر ان میں سوار ہوتے۔ (فرسٹ کلاس میں سوار ہونے کا سوال ہی نہ تھا، کیوں کہ اس میں انگریز افسر سفر کرتے تھے اور ان کے ساتھ سفر کرنے میں بے ادبی کا پہلو پیدا ہوتا تھا۔)

جھنگ شاہی سے آگے نکلتے تو ٹھنڈی ہوا کے جھونکے جسم کو چومنا شروع کر دیتے۔ دابے جی پہنچنے تک جلد سے دانے، خارش کے نشان اور مچھر کے کاٹے کی تمام شہادتیں مٹ چکی ہوتیں۔ بدن میں تازگی اور توانائی محسوس ہونے لگتی۔ پوری دنیا گھوم کر دیکھ لی، ایسی صاف، خوشبودار اور میٹھی ہوا سے پھر کہیں سابقہ نہ پڑا۔ پرانے کراچی کی یہ ٹھنڈی ہوا کیا تھی، اس کا اندازہ لگانا آج کل کے حالات میں ناممکن ہے۔ تمام ماحول موافق تھا، آسمان میں چھوٹے چھوٹے بادل، ہلکی ہلکی پھوار، بیچ میں کبھی کبھی بارش کا چھڑکاؤ، اور اس

پر اس میٹھی ہوا کی سر سراہٹ! اس میں غیر صحت بخش اجزا کی ملاوٹ کا سوال ہی نہ تھا۔ پورا شہر صاف ستھرا تھا، نہ گندگی نہ کوڑا کرکٹ، نہ ننگے تالاب نہ گندے پانی کے جوہڑ، نہ کھلے ہوئے گٹر نہ گٹروں کے ڈھکن چرائے ہوئے، نہ کچی بستیوں کا وجود نہ سڑکوں پر بول وبراز کی آزادی، نہ موٹروں، بسوں اور رکشاؤں کا دھواں نہ پچاس لاکھ لوگوں کی تحلیلِ ریاح کا مسئلہ، نہ سڑکوں پر سگریٹ کے ٹکڑے نہ دیواروں پر پان کی پیکیں۔ پھر کراچی کی ہوا صاف کیوں نہ رہتی؟

صدر ریلوے اسٹیشن کے قریب پہنچنے پر داہنے ہاتھ دور ہی سے وائرلیس کے کھمبے دکھائی دینے لگتے۔ اُس زمانے میں لوگوں کی سمجھ ہی میں نہ آتا تھا کہ بغیر تار کے پیغام کیوں کر آجاسکتے ہیں۔ گاڑی پلیٹ فارم پر رکتی تو سیکنڈ کلاس کے ڈبوں میں قلی داخل ہو جاتے۔ وہ ایک آنہ مزدوری لے کر سامان باہر کھڑی وکٹوریا گاڑیوں میں رکھ دیتے۔ گاڑیاں زیادہ ہوتیں، مسافر کم۔ کسی دھکم پیل کے بغیر آرام سے گاڑی میں بیٹھ کر فریئر ہال کی سڑک سے صدر کی طرف جایا جاتا۔ پہلے کارلٹن ہوٹل آتا، جس کے کھنڈر آج بھی نظر آتے ہیں، مگر اُس زمانے میں وہ صرف انگریزوں کے رہنے کے لیے مخصوص تھا۔ بہت برس گزرنے کے بعد اس میں فیشن ایبل دیسیوں کو بھی رہنے کی اجازت ملی، یا جرأت ہوئی۔ کارلٹن کے سامنے والی سڑک کے بائیں ہاتھ پر ابھی مکانات نہیں بنے تھے، خالی میدان پڑا تھا۔ صرف بیچ میں ایک چھوٹی سی مارکیٹ ہوتی تھی جہاں سے آس پاس کے بنگلوں میں رہنے والے سبزی ترکاری لیا کرتے۔

آگے بڑھتے تو فریئر ہال کے پاس سے گزر ہوتا۔ چاروں طرف وسیع باغ، ملکہ اور بادشاہ کے بُت اور خود عمارت کا عجیب طرز دیکھ کر لوگ دانتوں میں انگلیاں داب لیتے۔ (آزادی کے بعد یہ مجسمے ہماری بُت شکنی کی نذر ہو گئے یا کہیں چھپا دیے گئے!) اس کے بعد

فلیگ اسٹاف ہاؤس آتا جس میں فوج کا کمانڈنگ آفیسر رہتا تھا۔ دروازے کے باہر سڑک پر دو توپیں کھڑی تھیں۔ توپوں میں سے جان تو نکل چکی تھی، صرف نمائش کے لیے رکھی ہوئی تھیں، پھر بھی گاڑی والے کو ہدایت کی جاتی کہ توپوں سے ذرا ہٹ کر چلے، کیا پتا!

الفنسٹن اسٹریٹ کی "چھاپیں" (shops) دیکھ کر لوگوں میں احساسِ کمتری پیدا ہوتا تھا۔ میمنوں کی دو چار دکانوں کے سوا باقی سب دکانیں انگریزوں، پارسیوں اور ہندو عاملوں کی تھیں، مگر صدر کی دکانوں کا مہندار تب بھی میمن حاجی ڈوسل ہوتا تھا۔ سب سے بڑی دکان، ہر قسم کا سامان، عمدہ دھاگے سے لے کر اعلیٰ درجے کی بندوقوں تک، اس ایک ہی دکان سے مل جاتا تھا۔ البتّہ دکان میں داخل ہونے سے پہلے بوٹ صاف کرائے جاتے، کوٹ کے بٹن بند کیے جاتے اور داڑھی مونچھوں کو ہاتھ پھیر کر درست کیا جاتا، کیوں کہ اندیشہ ہوتا کہ اندر داخل ہونے پر کسی انگریز افسر سے سامنا نہ ہو جائے۔ سندھیوں کو اپنے سے اونچے لوگوں کے ادب کے تقاضے ہر وقت اور ہر جگہ یاد رہتے ہیں۔

ڈوسل کی دکان ایک ادارہ تھی۔ سندھ کے تقریباً تمام وڈیرے، میر اور پیر اس دکان کے مقروض ہوتے تھے اور فصل کٹنے پر سال بھر کی کمائی کا بڑا حصّہ انھیں ڈوسل کا اُدھار چکانے میں صرف کرنا پڑتا تھا۔ ان لوگوں کی مار بندوقوں، کارتوسوں، ولایتی بسکٹوں اور خوشبودار صابن پر ہوتی تھی، اور ان جنسوں کی ڈوسل کے پاس کوئی کمی نہ تھی۔ دکان میں رکھا ہوا دوسرا سامان اکثر ان کی سمجھ ہی میں نہ آتا تھا، اس لیے اس کے قریب نہ پھٹکتے۔ کچھ چنیدہ بڑے آدمی شام کے وقت ڈوسل کی دکان کے باہر چبوترے پر بید کی کرسیاں ڈال کر بیٹھ جاتے کہ کوئی افسر یا اس کی میم گزرے تو اٹھ کر اسے سلام کریں۔ ایک لحاظ سے ڈوسل کی دکان کے سامنے بیٹھنا خود عزت کی نشانی سمجھا جاتا تھا۔

ہورنامی ایک انگریز درزی کی دکان، اسی الفنسٹن اسٹریٹ پر، نئے فیشن کے دلدادہ وڈیروں کی دل چسپی کا مرکز ہوتی تھی۔ سندھی پڑھے ہوئے لوگ فقط قمیص میں بو ٹائی لگانے پر اکتفا کرتے، انگریزی کے دوچار درجے پڑھے ہوئے ہوتے تو ہور سے سوٹ سلوا کر پہنتے، مگر انگریز اہلکاروں کے پاس اکثر سوٹ پہن کر نہ جاتے مبادا صاحب کو خیال گزرے کہ وڈیرا انگریزوں کی ہمسری کر رہا ہے۔ اس سے کچھ آگے جے بلِس کی دکان تھی جہاں انگریزی دواؤں کے علاوہ اعلیٰ ترین ولایتی سینٹ، صابن وغیرہ مل سکتے تھے۔ فیشن ایبل لوگ وہاں کا بھی چکر لگاتے۔ دکان کے باہر بڑے بڑے شیشے لگے ہوئے تھے۔ زیادہ تر لوگ باہر کھڑے ہو کر شیشے میں سے اندر کا نظارہ کرتے اور کہتے: "واہ رے انگریز واہ!" دکان یوروپی طرز میں آراستہ کی گئی تھی۔ ایک بار سندھ کے ایک بزرگ کوئی چیز لینے اس دکان میں داخل ہوئے۔ مریدوں کو معلوم ہوا تو وہ لاٹھیاں لے کر آ پہنچے اور بلِس کی دکان کے شیشے توڑ کر اس کے ٹکڑے تبرّک کے طور پر اپنے ساتھ لے گئے۔ بزرگ نے بلِس کو اس نقصان کا معاوضہ دیا (مبادا بلِس، جو انگریز تھا، سندھ کے کمشنر صاحب سے جا کر شکایت کر دے) اور شاید یہ وعدہ بھی کیا کہ آئندہ اس دکان میں داخل نہیں ہوں گے۔ اسی طرح کی ایک دکان اسپیچلی نامی انگریز کی بھی تھی۔ وہاں بھی دوائیں اور خوشبو کا سامان ملتا تھا۔

اسپیچلی کے سامنے حاجی ابوبکر اینڈ سنز کی دکان تھی۔ یہ زنانہ اور مردانہ کپڑے کی سب سے بڑی دکان تھی جس میں میموں کی ضرورت کا تمام سامان ولایت سے منگایا ہوا فراہم رہتا تھا۔ دکان کے مالک مرحوم اسماعیل سیٹھ میمن تھے جو میرے مرحوم دادا کے دوست تھے۔ ہم اُنھیں کی دکان کی بالائی منزل کے ایک حصّے میں رہتے تھے۔ یہ لوگ مہمان نوازی کی حد کر دیتے تھے۔ کشادہ دل لوگ تھے، ان کے دستر خوان پر ہر وقت

آٹھ دس قسم کے طعام ہوتے تھے۔ کھانا خاص میمنی قسم کا تھا، میمنی کھانے کا ذائقہ نرالا ہوتا تھا، اور جو کچھ ہم آج کل کھاتے ہیں اس سے بالکل مختلف۔ ہمارے آج کل کے شہری یا ہوٹل کے پکے کھانوں میں زیادہ تر دہلی اور یوپی کا اثر ہے۔ "شامی کباب" کا نام میں نے پہلی بار ۱۹۲۴ میں پڑھا تھا، اور کھایا اس وقت تک نہیں جب تک دہلی جانے کا اتفاق نہ ہوا۔ ابوبکر کی دکان میں سارے دن انگریز مردوں اور عورتوں کی آرجار رہتی تھی۔ میں ایک کونے میں چھوٹی کرسی ڈال کر بیٹھا خاموشی سے یہ نظارہ دیکھا کرتا۔

میمنوں کی دوسری مشہور دکان عدن والا کی تھی جس کا بورڈ آج تک لگا ہوا ہے۔ پتا نہیں اندر کون رہتا ہے، میمن یا کوئی اَور۔ بہر حال عدن والا قسم قسم کے سگریٹ اور چرّٹ بیچتا تھا۔

الفنسٹن اسٹریٹ کے کونے پر، سڑک کے دوسری طرف، جہاں اب گلزار ہوٹل ہے، حاجی احمد کریم محمد میمن کی دکان تھی۔ وہ انگریزی گرم کپڑے کا کاروبار کرتے تھے۔ مالک مرحوم عبدالستار سیٹھ دروازے کے باہر برآمدے میں کاٹھ کا پلنگ ڈالے اس پر بیٹھے رہتے اور آنے جانے والوں سے بات چیت کیا کرتے۔

میمنوں کے علاوہ الفنسٹن اسٹریٹ میں پارسیوں کی بھی دکانیں تھیں، مثلاً جال بھائی فوٹوگرافر، اور سیٹھ نسروانجی مہتا۔ نسروانجی، جمشید مہتا کے والد تھے اور ان کا کاروبار ولایتی شراب کا تھا۔ آخری زمانے میں حیدرآباد کے کچھ عاملوں نے بھی آکر کتابوں اور ولایتی پودوں کی دکانیں کھول لی تھیں۔

۱۹۳۰ میں عالمگیر اقتصادی بحران آیا جس کے دوران میمنوں کو بیوپار میں اس قدر نقصان پہنچا کہ وہ قریب قریب برباد ہوگئے اور ان کی جگہیں ہندوؤں نے لے لیں۔ ایک عبداللہ ہارون مرحوم اپنے پیروں پر کھڑے رہے۔ خود سیٹھ عبداللہ نے مجھے ۱۹۳۹ میں

میمنوں کی اس بربادی کا یہ سبب بتایا کہ پہلی عالمی جنگ کے موقعے پر میمنوں نے بہت نفع اندوزی کی تھی جس کی خدا نے انھیں یہ سزا دی۔ جب ۱۹۳۹ میں دوسری عالمی جنگ چھڑی تو سیٹھ عبد اللہ نے عجلت میں اپنا شکر کا کارخانہ، جو موتی پور صوبہ بہار میں تھا، اونے پونے بیچ کر اپنی جان چھڑائی۔ وجہ یہ بتائی کہ جنگ کے دوران شکر کی قلّت ہو جائے گی اور بلیک مارکیٹ کا رواج ہو گا۔ زندگی کا کچھ بھروسا نہیں، کیا پتا اس بیچ میں میں مر جاؤں اور میری اولاد لالچ میں آ کر شکر کی بلیک مارکیٹنگ کرے اور یوں خدا کی گرفت میں آ کر برباد ہو جائے۔

صدر سے کیاماڑی تک ٹرام چلتی تھی۔ پورا سفر ایک ٹکے میں طے ہو جاتا۔ ٹرام بوہری بازار سے ایک طرف صدر ریلوے اسٹیشن کی سمت جاتی اور دوسری طرف بندر روڈ سے ہوتی ہوئی کیاماڑی تک۔ خلقت آرام سے سفر کرتی تھی، نہ ٹرام میں دھکم پیل اور نہ مسافروں کے گرنے کا مسئلہ۔ ٹرام کے علاوہ گھوڑا گاڑیاں بھی مروّج تھیں۔ موٹریں اور بسیں بالکل نہ تھیں۔ رکشائیں کسی نے دیکھی تھیں نہ سنی تھیں۔ مالدار لوگ سواری کے لیے گھر کی وکٹوریا گاڑیاں رکھتے تھے۔ پہلی موٹر کار ایک میمن سیٹھ عبدالرحیم صالح محمد نے منگوائی، جو ہمبر (Humber) تھی۔ اس کی چھت کھلی تھی۔ سڑک پر نکلتی تو لوگ باادب ہو کر ایک کنارے پر کھڑے ہو جاتے۔ انگریز زیادہ تر گھوڑوں پر گھومتے تھے۔ شام کو ہوا خوری کے لیے کلفٹن تک جاتے۔ یہ سڑک ابھی پکّی نہیں ہوئی تھی۔ سر ہنری لارنس، کمشنر سندھ، کو میں نے تقریباً ہر شام اسی سڑک پر، میم کے ساتھ، گھوڑوں پر سوار کلفٹن جاتے دیکھا ہے۔ صرف میاں بیوی، نہ چوکیدار نہ باڈی گارڈ۔ ملک میں بے حد سلامتی اور امن امان تھا۔ کلفٹن پر سر جہانگیر کوٹھاری نے اپنے نام کی پریڈ (Parade) یا سیر گاہ بنوائی تھی۔

اُدھر بندر روڈ بھی بسی ہوئی تھی۔ مولے ڈنو کا مسافر خانہ، غلام حسین خالق ڈنہ ہال، ڈینسو ہال، میری ویدر ٹاور، اسمال کازز کورٹ، کسٹم ہاؤس، پورٹ ٹرسٹ بلڈنگ اس سفر کے سنگِ میل تھے۔ ڈینسو ہال کے پاس داہنے اور بائیں ہاتھ سڑکیں نکلتی تھیں۔ بائیں ہاتھ والی سڑک "نئی چالی" محلّے سے (جہاں "الوحید" اخبار کا دفتر تھا) گزر کر میکلوڈ روڈ پر پہنچتی تھی۔ داہنے ہاتھ دو سڑکیں تھیں، ایک میریٹ روڈ جس پر کاروبار کی کھولیاں اور دکانیں تھیں، اور دوسری نیپیئر روڈ جس کے شروع میں میمن بیوپاریوں کے دفتر تھے (سر حاجی عبد اللہ ہارون کا دفتر اور بعد میں صوبائی مسلم لیگ کا دفتر اسی سڑک پر تھا)، اور اس سے آگے چکلا تھا۔ چکلے کے علاقے میں کسبیاں اور گانے والیاں تو رہتی ہی تھیں مگر جن لوگوں کا ان پیشوں سے تعلّق نہ تھا اور بڑے درجے کے صاحب تھے وہ بھی یہاں مکان بنا کر رہتے تھے۔ مثلاً سندھ کے کمشنر کا میر منشی بھی اسی محلّے میں رہتا تھا۔ شریف، پاکباز اور روزے نماز کا پابند شخص تھا، شام کو مکان کی گیلری میں کرسیاں ڈال کر بیٹھ جاتا اور آنے جانے والوں کو دیکھا کرتا۔ پیشہ ور طوائفوں کو اپنے پاس بلوا کر یا ساتھ لے جا کر گانا سننے میں کوئی قباحت نہ سمجھی جاتی تھی۔ اشرافوں اور پیشہ وروں کے درمیان حدِ فاصل واضح تھی۔ اچھے اور بُرے فن کو اپنی اپنی حد کے اندر رکھا جاتا تھا۔ معاشرے میں منافقت کا دور ابھی نہیں آیا تھا۔

حکومت کی باگ ڈور سندھ کے کمشنر کے ہاتھ میں تھی۔ سندھ کا موجودہ علاقہ بمبئی صوبے میں شامل تھا۔ بمبئی کی گورنری سے سندھ کے فاصلے کے سبب مقامی انتظام چلانے کے تمام اختیارات کمشنر کے سپرد کر دیے گئے تھے۔ کمشنر بھی بڑے بڑے انگریز مقرر ہوتے تھے۔ مرد آدمی، منتظم، بااصول، بے داغ۔ یوں نہ ہوتا تھا کہ کمشنر دوسری طرف گردن پھیرے تو خلقِ خدا اس کے کردار پر نکتہ چینی شروع کر دے کہ فلاں معاملے میں

نامراد اتنی رقم کھا گیا، اسمگلنگ کرنے والوں سے حصّہ وصول کرتا ہے، اتنے بنگلے بنوا لیے ہیں، رشوت اور تعلّقات کی بنیاد پر نوکریاں اور ٹھیکے بانٹتا ہے، اپنے ضمیر، ایمان اور انصاف کے اصولوں کو ترک کر کے اپنے بالا دستوں کے اشارے پر غلط کام کرتا ہے اور جھوٹی رپورٹیں بھیجتا ہے۔ کمشنر کی مدد کے لیے ایک گورا آئی سی ایس افسر بطور اسسٹنٹ کمشنر اور تین دیسی ڈپٹی کلکٹر مقرر ہوتے تھے۔ ان میں سے ایک کو نیٹِو اسسٹنٹ کمشنر کہا جاتا تھا۔ اس کا رابطہ پبلک سے ہوتا تھا۔ کمشنر کے سائے میں رہنے کی بدولت اس کی بھی بڑی دھاک ہوتی تھی۔ زمیندار تو اس کے دروازے پر دھکّے کھایا کرتے تھے۔ خان بہادر نبی بخش محمد حسین مرحوم، جو بعد میں کئی اونچے عہدوں سے ہوتے ہوئے آخر بہاولپور ریاست کے وزیرِ اعظم بنے، نامور نیٹِو اسسٹنٹ کمشنر تھے۔ خلافت تحریک کے زمانے میں انھوں نے انگریزوں سے وفاداری کا ثبوت دیا اور اس کے نتیجے میں انگریز کمشنر کی ناک کا بال بن گئے۔ سندھ کے وڈیروں کے معاملے میں سفید و سیاہ کا اختیار انھیں کے پاس تھا۔ کسی کو کہل، کسی کو ڈمر، کسی کو خطاب دلواتے، کسی کو کمشنر کے دربار میں کرسی مرحمت فرماتے۔ فریئر ہال کے پاس ان کا بنگلا تھا۔ وڈیروں کے ٹھٹ کے ٹھٹ لگے رہا کرتے۔ ان کا رہن سہن اور طرزِ تعلّق انگریزی نمونے کا تھا اور کسی کو خواہ مخواہ اپنے سے بے تکلّف نہ ہونے دیتے۔

کراچی کے کلکٹر بھی سینیئر آئی سی ایس انگریز ہوتے۔ کیا شان تھی، کیا آن بان تھی! سب سے پرے رہتے۔ جسے اچھا سمجھتے اس کی عزت کرتے، مگر اس طریقے سے کہ وہ ان سے قربت کا ناجائز فائدہ نہ اٹھا سکے۔ جاڑوں میں شہر سے نکل کر ضلع کا گشت کرتے۔ سامان اونٹوں پر، صاحب خود گھوڑے پر، اپنا خرچ، اپنا کھانا پینا، نہ بک بک نہ جھک جھک۔ ان کے سرشتے دار، کارندے اور پٹّے والے البتّہ مختیار کاروں اور تپّے

داروں سے رسائی (مہمانی) وصول کیا کرتے مگر اس کی مقدار ایسی "کمر توڑ" نہ ہوتی تھی۔ دودھ، گھی، سیر دو سیر آٹا اور چاول، اور ایک آدھ مرغ وغیرہ۔ اگر صاحب کے باورچی خانے کے لیے کسی چیز کی ضرورت پڑتی تو صاحب اس کا بل اپنی جیب سے ادا کرتے۔

سیاسی اعتبار سے کراچی میں سندھ کے بزرگوں کی بڑی تعداد تھی۔ ایک ہی وقت میں بڑے بڑے لوگ وہاں پیدا ہوتے رہے۔ سندھ کی سیاست کے تمام عروج و زوال وہیں پیش آتے۔ کس کس کا نام لیا جائے؟ مسلمان، ہندو، پارسی لیڈر، سب باوقار، اعلیٰ اخلاق کے صاحبان اور اعلیٰ اصول رکھنے والے۔ سیٹھ ہرچند رائے وِشنداس، جمشید مہتا، سر حاجی عبداللہ ہارون، غلام علی چھاگلا، سیٹھ غلام حسین قاسم، واجا فقیر محمد دراخاں، میر ایوب خاں، طیّب علی علوی، حاتم علوی، خان بہادر ماما، خان بہادر ولی محمد حسن علی، بابا میر محمد بلوچ، حکیم فتح محمد سیوھانی، مولانا محمد صادق کھڈّے والے، مولانا عبدالکریم درس اور ان کے فرزند اور جانشین مولانا ظہور الحسن درس، شیخ عبدالمجید سندھی، جہانگیر پنتھکی، سر جہانگیر کوٹھاری، سر کاوس جی جہانگیر، سر مونٹیگو ویب، اے ایل پرائس، خان صاحب بابو فضل الٰہی، محمد ہاشم گزدر، بی ٹی ٹھکّر، روپ چند بیلارام، موتی رام عیدن مل، قاضی خدابخش، قاضی عبدالرحمن اور دوسرے۔

۱۹۲۴ کے لگ بھگ سندھ کے دیہات کے کئی سربرآوردہ بزرگوں نے بھی کراچی میں بنگلے بنوا کر زیادہ تر وہیں رہنا شروع کر دیا، مثلاً سر شاہنواز خان بھٹّو، خان بہادر محمد ایوب کھوڑو اور جی ایم سیّد۔ ان کے کراچی میں رہنے کی بدولت سندھ کے مرکزی شہر کراچی اور سندھ کے دیہات کی سوچ بچار میں خاصی موافقت نظر آنے لگی۔

جب تک اس پائے کے بزرگوں کے ہاتھ میں سندھ کی سیاست رہی، سندھ کی شان اور مان ہی کچھ اَور تھا۔ خود ان لوگوں کا ذاتی کلچر اور بزرگی کا انداز پدرانہ اور مشفقانہ تھا۔

وہ صوبے کے تمام ماحول پر اثرانداز رہے۔ کس کی مجال تھی کہ اخلاق سے گری ہوئی بات کرے یا سیاست میں بداخلاقی کا مظاہرہ کرے۔ غرض یہ لوگ سندھ کے جملہ معاشرے کے ستون تھے۔ میں یہ فرق بخوبی محسوس کر رہا ہوں۔ ان کی آنکھیں بند ہونے سے سندھ یتیم ہو گیا ہے، نہ کوئی روکنے ٹوکنے والا رہا نہ ہمت کر کے حق بات کہنے والا۔ اندھے کی جورو، اللہ کی امان میں!

کراچی کو اِنہیں لوگوں نے بنایا۔ سندھ کو اِنہیں لوگوں نے سنوارا۔ آج تک لاکھوں لوگ براہِ راست یا بالواسطہ طور پر ان کے عملِ صالح کا فائدہ اٹھا رہے ہیں۔ یہ الگ بات کہ اب ان کا نام لینے والا بھی کوئی نہیں رہا۔

کراچی دو تین اَور باتوں میں بھی مرکزی حیثیت رکھتا ہے__ یعنی سندھ کی اخباری دنیا اور تعلیمی معاملے میں۔

اخبارات کم تھے مگر اخبار نویس لالچی اور بیوپاری مزاج رکھنے والے نہ تھے۔ اخبارات کچھ اصولوں پر کاربند رہتے تھے۔ مثلاً انگریزی اخباروں میں "نیو ٹائمز"، جو سادھو واسوانی کی نگرانی میں نکلتا تھا، ہندوستان کی آزادی اور انگریز کی مخالفت کے لیے وقف تھا۔ ۱۹۲۴ کے آس پاس سیاسی تحریک میں وقتی طور پر سکون آیا تو یہ اخبار بند ہو گیا۔ انگریز حکومت کا نقطۂ نگاہ پیش کرنے کے لیے "ڈیلی گزٹ" تھا جس کے نامور ایڈیٹر سر مونٹیگو ویب تھے۔ ہندوؤں کے مفاد کو آگے بڑھانے کے لیے "سندھ آبزرور" میدان میں آیا۔ اس کے ایڈیٹر، آخری زمانے میں، ایک کٹّر مدراسی ہندو کے پُنیا تھے۔ اس اخبار کا اصول تھا کہ انگریز کو نکال کر ملک میں ہندو راج مسلّط کیا جائے۔

شروع میں مسلمانوں کے پاس اپنا کوئی اخبار نہ تھا۔ سب سے پہلے روزنامہ "الوحید"، خلافت تحریک کے زمانے میں حاجی عبداللہ ہارون کی ہمت افزائی اور شیخ عبد

المجید سندھی اور ان کے چند سرفروش ساتھیوں کی محنت سے نکلا اور پورے انقلابی دور میں، یعنی ۱۹۱۹ سے ۱۹۵۴ تک، مسلمانوں کی وکالت کرتا رہا۔ شیخ صاحب کی بھی جوانی تھی اور سندھ کے مسلمانوں کی امیدوں کا آغاز۔ "الوحید" حکومت کا مخالف تھا، آمدنی کا ذریعہ صرف غریبوں کی جانب سے ملنے والا چندا، کبھی کبھی قیدوبند کی صعوبتیں، ضمانتیں، ضبطیاں، قرض کی قرقیاں تو روزمرہ کا معاملہ تھیں، کبھی کاغذ نہیں ہے تو کبھی ڈاک کے ٹکٹ خریدنے کے لیے پیسے نہیں۔ ایک وقت ایسا بھی آیا جب سرکار نے "الوحید" کے ایڈیٹروں کو جیل بھیجنے کا سلسلہ شروع کیا، ایک کے بعد ایک ایڈیٹر گرفتار ہو کر جیل جاتا رہا۔ آخر سرکار خود تھک گئی، لیکن "الوحید" کے ایڈیٹر ختم نہ ہوے۔ اس دور میں کتنے ہی بہادر لوگ میدان میں نکلے، مثلاً مولانا دین محمد وفائی، میاں دین محمد علیگ، عبدالسلام، اللہ بخش ٹالپر، رئیس حاجی علی محمد مری، مولانا عبدالکریم چشتی، قاضی عبدالرحمٰن وغیرہ۔ یہ لوگ اصول پرستی، سرفروشی اور راست گوئی کا ایک بڑا ورثہ چھوڑ گئے جسے برباد کرنے میں بھی بعد والوں کو بیس سال سے زیادہ کا عرصہ لگا۔

۱۹۲۴ کے لگ بھگ سندھ کے ہندوؤں میں تنگ دلی پیدا ہوئی۔ وہ آزادی کے بہانے سندھ کے مسلمانوں سے مخالف سمت میں قدم اٹھانے لگے۔ اس کام کے لیے انھوں نے متعدد اخبار سندھی زبان میں بھی نکالے۔ "ہندو"، "ماتربھومی"، "سنسار سماچار" وغیرہ۔ ان کی کوشش تھی کہ سندھ کی صحافتی زبان میں ہندی اور سنسکرت کے الفاظ کثرت سے شامل کر کے پہلے سندھ کی روایتی زبان پر اور پھر سندھ کے کلچر پر حاوی ہو جائیں۔ "الوحید" تنہا ان سب کا مقابلہ کرتا رہا۔

تعلیم کے شعبے میں سندھی مسلمانوں کا ادارہ صرف سندھ مدرسۃ الاسلام تھا جہاں سے اپنے وقت کے اکابر پڑھ کر نکلے۔ قائداعظم نے بھی شروع میں یہیں تعلیم پائی۔

مرحوم خان بہادر حسن علی آفندی نے یہ مدرسہ قائم کرکے سندھ کے مسلمانوں پر بہت بڑا احسان کیا۔ اگر یہ مدرسہ نہ ہوتا تو سندھ کے مسلمانوں میں تعلیم نہ آتی، تعلیم نہ آتی تو ان میں سیاسی شعور پیدا نہ ہوتا، سیاسی شعور پیدا نہ ہوتا تو سندھ کی بمبئی سے علیحدگی کی تحریک نہ چلتی، اور سندھ بمبئی سے علیحدہ نہ ہوتا تو پاکستان بھی نہ بنتا۔ بات سے بات نکلتی ہے۔

مقابلتاً ہندوؤں کے تعلیمی ادارے البتہ تعداد میں زیادہ اور مضبوط تھے۔ دیارام جیٹھ مل کالج، این جے وی ہائی اسکول اور لا کالج، سندھ میں ہندو قوم کو بنانے اور آگے بڑھانے میں ان اداروں کا خاصا حصّہ رہا۔ ان کے پرنسپل میں اپنے دور کے بڑے بڑے استاد تھے۔ پرنسپل بٹانی، ڈاکٹر گر بخشانی (جنھوں نے "شاہ جو رسالو" بڑی محنت سے مرتب کر کے تین جلدوں میں شائع کیا اور سندھ پر بڑا احسان کیا)، پرنسپل شاہانی، اور دوسرے کئی پروفیسر جن کی زندگی تعلیمی ماحول میں گزری اور وہ اس سے باہر نہ نکلے۔

سندھ مدرسے کے پرنسپل بھی شروع میں تو غیر مسلم مقرر ہوتے رہے، آخر میں شمس العلماڈاکٹر داؤد پوٹو مرحوم آئے۔

اس میں شک نہیں کہ اُس زمانے میں سندھ کی سیاست کا رخ آزادی کی طرف موڑنے میں ہندو عنصر کا بھی بڑا ہاتھ تھا۔ وہ تعلیم میں مسلمانوں سے آگے تھے۔ ان کی مڈل کلاس طاقتور تھی۔ بیرونی دنیا سے وہ زیادہ واقف تھے۔ کانگریس کی تحریک سے متاثر ہو چکے تھے۔ انگریز کا رعب اُن پر سے ختم ہو چکا تھا، کسی بھی چھوٹی بڑی بات پر مقابلہ کرنے کو تیار ہو جاتے تھے۔ ستیہ گرہ، سول نافرمانی، عدم تعاون، لاٹھی چارج، آنسو گیس، گولیاں، جیل وغیرہ کی منزلیں طے کر آئے تھے۔ البتہ مسلمانوں سے ان کی نہ بنتی تھی۔ ان کا منصوبہ یہ تھا کہ آخر کار ملک میں اپنا راج قائم کریں۔ مگر اس کے باوجود یہ ماننا پڑتا

ہے کہ ان کے نکل جانے کے بعد کسی حد تک سندھ کی صوبائی سیاست سے خودداری، آزاد خیالی اور قربانی کے اجزا گم ہو گئے۔ سندھ کے بمبئی سے الگ ہونے کے بعد (۱۹۳۷ میں) سندھ کے دیہات کے بعض ناخواندہ اور اہلکاروں کے سکھائے پڑھائے وڈیروں نے، اپنی عددی برتری کی بنیاد پر اسمبلی میں داخل ہو کر، سیاست کو آلودہ کر دیا اور سندھ کی علیحدگی کے حقیقی مقصد کو نظر انداز کر کے خود انھیں ہندوؤں کے ہاتھوں میں کھیلنے لگے۔ اس صورتِ حال نے مجموعی صوبائی سیاست کو کتّوں کی قے بنا دیا۔ اس میں کچھ جان نہ رہی۔ صرف جوڑ توڑ، دروغ گوئی، ضمیر فروشی، بے اصولی اور ہر اُبھرتے سورج کی پوجا کرنے کی عادتیں اور قباحتیں رواج پا گئیں۔

مگر اس کا مطلب یہ نہ سمجھنا چاہیے کہ اس عام ماحول میں خود کراچی میں بھی قحط الرجال پیدا ہو گیا۔ وقتاً فوقتاً وہاں چند مسلمان قومی رہنما ایسے ضرور ابھرتے رہے جو سیاسی شعور، آزاد خیالی، عزتِ نفس، سختیاں اٹھانے کی اہلیت اور اصولوں پر جان دینے میں ہندوؤں سے کسی بھی طرح پیچھے نہ تھے۔ یہ لوگ کارکنوں کی پیروی کرنے والے نہ تھے۔ مثلاً شیخ عبدالمجید، مولانا محمد صادق کھڈے والے، مولانا عبدالکریم درس، مولوی محمد صدیق، ماسٹر محمد خاں (جو اصل میں پنجاب کے تھے مگر کراچی میں آ بسے تھے)، بابا میر محمد بلوچ، محمد ہاشم گذدر، مولوی عبدالحئ حقانی، ظہورالحسن درس، حافظ شریف حسین، قاضی خدابخش اور "الوحید" میں کام کرنے والے پورے گروپ نے سندھ کے مسلمانوں کی سیاست کے ترقی پسند اور انقلابی پہلو کو نمایاں رکھا۔ ان میں اکثر غریب لوگ تھے، لیکن غربت میں انسانیت کا شرف برقرار رکھنا کوئی ان سے سیکھ سکتا تھا۔ مولانا عبدالکریم درس کی مثال لیجیے۔ خلافت تحریک کے ابتدائی دور کے آدمی تھے۔ جن لوگوں کے ان کو سنا ہے ان کا متفقہ فیصلہ ہے کہ شعلہ بیاں مقرر تھے۔ جب پہلی عالمی جنگ ختم ہوئی (جس

کے دوران مسلمانوں نے انگریزوں کی مدد کی تھی) اور انگریزوں نے جنگ سے جان چھڑا کر ترکی کی طرف تیر سیدھے کرنے شروع کیے اور خلافت ختم کرنے پر کمربستہ ہوئے تو مولانا درس نے جونا مارکیٹ کے پاس ایک عام جلسے میں تقریر کرتے ہوئے یہ شعر پڑھا:

سگت راخونِ دل دادم کہ با من آشنا گردد
زبختِ خود ندانستم کہ او دیوانہ خواہد شد

ایک اَور موقعے پر ہندوؤں کو مخاطب کر کے یہ بیت پڑھا:

روئے وفا نہ دید ز یارانِ ہم وطن
شاید کہ درس رو بہ دیارِ دگر کند

مولوی صاحب کو اس صاف گوئی کی پاداش میں کئی بار جیل میں بھی ڈالا گیا مگر وہ مرتے دم تک اپنے اصولوں سے نہ ہٹے۔

اسی طرح مولانا عبدالحیٔ حقانی نے بھی مسلم لیگ کی تحریک کے دوران جواں مردی کے جوہر دکھائے۔ مسلم لیگ کا جب بھی جلسہ ہوتا تو ان سے نظم پڑھائی جاتی جو وہ بڑی خوش الحانی سے اور موثر انداز میں گا کر سناتے۔ نظم تھی:

مسلم ہے تو مسلم لیگ میں آ
باطل پہ اڑے ہیں کانگرسی
کرتے نہیں حق کی دادرسی
کچھ اور ہے ان کے دل میں بسی

وغیرہ۔

بابا میر محمد بلوچ تو آخر بلوچ تھے، سرفروش، بے خوف، انگریزوں کے جانی دشمن، ہندوؤں سے بیزار۔ رات دن حکومت کے خلاف ہنگامہ اٹھائے رکھتے۔ بمبئی کاؤنسل کے

ممبر منتخب ہوئے۔ انگریزی نہ جانتے تھے، مگر اِس سے اُس سے انگریزی میں سوال لکھوا کر کاؤنسل میں بھیجتے اور یوں حکومت کی خوب پردہ دری کرتے۔ جس سوال کو پوچھتے ہوئے دوسرے ممبر کانپنے لرزنے لگتے (کہ مبادا حکومت خفا ہو جائے) وہ سوال بابا میر محمد ڈنکے کی چوٹ پر پوچھ بیٹھتے۔

پرانے کراچی کی کئی سوغاتیں ناقابلِ فراموش تھیں: چندو حلوائی کا "دھنداگیری" حلوا، سیفی ہوٹل (الفنسٹن اسٹریٹ) کی مکس پلیٹ، بوہری بازار کے سامنے بومن پارسی کی چائے، جے بلِس کا سینٹ، اسپیچلی دواخانے کا مکسچر، سکویرافوٹوگرافر کے فوٹو، حسن علی کے کارخانے کا "سوڈالملیٹ"، اسلامی ہوٹل کی بریانی، محمد صدیق کی دکان کے بوٹ، بابا میر محمد بلوچ کی دکان کی ترکی ٹوپیاں، بولٹن مارکیٹ کے سامنے ہندو نانبائی کی دکان کی پکی پلّا اور مچھلی، حکیم فتح محمد سیوہانی کی زکام کی گولیاں، حکیم علی محمد قادری کی "یاقوتی"، جونا مارکیٹ کے چوک پر عزیز کے ہوٹل کے نان پائے، حاجی ڈوسل، سلیمان عمر اور حسین بھائی کی بندوقیں اور کارتوس، کیفے گرانڈ کے کیک اور پیسٹریاں۔

کراچی کا پھیلاؤ اُن دنوں اتنا زیادہ نہیں ہوا تھا۔ جیل کے اردگرد جنگل میں میں نے تیتروں کا شکار کیا ہے۔ ٹریڈنگ اسٹیٹ کے علاقے میں گیدڑوں سے ملاقات ہوتی جو منگھو پیر کی سمت سے شہر کی سیر کو آتے۔ لیاری کے کچھ حصوں میں کھڑے پانی کے تالاب تھے جہاں بطخوں کا شکار ہوتا تھا۔ پی ای سی ایچ کے جنگل تو باقاعدہ شکار گاہ تھے۔

سنجیدگی، شائستگی، پروقار صورت، گفتگو کی شیرینی، زندگی کے اصولوں کی پاس داری، ضمیر کی آزادی، خودداری، حکیم فتح محمد سیوہانی ان سب اور بے شمار دوسری خوبیوں کا مجموعہ تھے۔ وہ سیوہن سے اُبھرے، کراچی کے افق پر چمکے اور سالہا سال سندھ کی ثقافتی، علمی اور ادبی محفلوں کو منوّر کرتے رہے۔ انھیں دیکھ کر اور سن کر اندازہ ہوتا تھا کہ

وہ ماضی کے سندھ کے شرفا اور خاندانوں کے سلسلے کی تقریباً آخری کڑی تھے۔ جب مجھے ان سے واقفیت کا شرف حاصل ہوا، تب وہ گاڑی کھاتے میں، کچہری روڈ پر رہتے تھے۔ دو منزلہ مکان تھا، نیچے مطب اور محفل گاہ، اوپر کی منزل پر مہمان خانہ۔ ہر وقت ملاقاتیوں میں گھرے رہتے۔ سندھ سے آئے ہوئے میر، پیر، بڑے زمیندار اور جاگیر دار تو انھیں نبض دکھا کر اور پوشیدہ امراض خصوصاً کم طاقتی کی شکایات بیان کر کے گولیاں، معجونیں، لیپ اور کشتے لیتے اور رخصت ہو جاتے، مگر غریب قومی ورکریا "بے ثمر" ادیب تمام دن انھیں چمٹے رہتے۔ ان کا علاج مفت ہوتا تھا۔ وقت آنے پر کھانا بھی کھلایا جاتا، رات پڑنے پر بستر دے کر سلایا بھی جاتا۔ اکثر واپسی کا کرایہ بھی دے کر، پیشانی پر بل ڈالے بغیر، ہنستے مسکراتے رخصت کیا جاتا۔ دہلی کے حکیم اجمل خاں کا دم بھرتے تھے۔ واقعی سندھ کے اجمل خاں تھے۔ جیسے طبیب تھے ویسے ہی ادیب، جیسے سیاست کے ماہر ویسے شاعر۔ میلان کانگریس کی طرف تھا۔ سیوہن کی فضا میں ابتدائی تربیت ہوئی تھی جہاں ہندو مسلمان میں کوئی تفریق نہ تھی۔ فرقہ وارانہ بھید بھاؤ ان کی سمجھ ہی میں نہ آتے تھے۔ میروں کی حکومت پر خاص تحقیق کی تھی اور اپنے راج کی خوبیوں کی خبر پا چکے تھے اس لیے انگریز "صاحب لوگوں" کی شکل دیکھنے کے روادار نہ تھے۔ کچہری روڈ پر پر رہتے ہوے بھی کبھی کچہری (کلکٹر کے دفتر) کا منہ نہ دیکھا۔ عربی فارسی کے عالم تھے، مگر علم یا مذہب کو کبھی آمدنی کا ذریعہ نہ بنایا۔ نہ مذہب کو انسانی خون بہانے کے لیے استعمال کیا نہ علم کو فتنہ جوئی اور شر انگیزی کے لیے۔

کراچی کی آب و ہوا میں مجھے اکثر انفلوئنزا ہو جاتا تھا۔ حکیم صاحب کے پاس اس مرض کی زود اثر گولیاں تھیں۔ گولیوں کی ڈبیا میری جیب میں ڈال کر ہدایت کرتے کہ جب یہ ختم ہو جائے تو دوسری ڈبیا لے جانا۔ میں نہ جا پاتا تو خود گھر آ کر دے جاتے۔ ۱۹۳۹

کے شروع میں مجھے پیٹ کی بیماری ہوگئی۔ انھوں نے حکم دیا کہ ملیر میں جاکر رہوں جہاں کی آب وہوا نسبتاً خشک ہے۔ میں نے کہا، "وہاں رہ کر آپ سے کیوں کر علاج کراؤں گا؟" فرمایا، "میں خود روز ملیر آکر دیکھ جایا کروں گا،" اور یہی کرتے رہے۔

حکیم صمصام کا پورا اور درست نام تو خدا جانے کیا تھا، مگر یہاں اسی نام سے مشہور تھے۔ کراچی کے میمن سیٹھوں نے انھیں دہلی یا لکھنؤ سے بلوا کر اپنے پاس رکھا تھا۔ اُس زمانے میں میمن سیٹھوں کو کم طاقتی کی خاص شکایت ہوتی تھی۔ بہت بیٹھے رہنے کی وجہ سے مٹاپے کی بیماریاں ہو جاتیں جن کی علامات چھپائے نہ چھپتیں۔ بازار کے اتار چڑھاؤ کے باعث کسی قدر مالیخولیا بھی شاملِ حال رہتا۔ سندھ کے طبیب سستے تھے اس لیے بے کار سمجھے جاتے تھے۔ چناں چہ علاج کے لیے باہر سے مہنگے حکیم بلوائے جاتے۔ مگر حکیم صمصام ان میں سے نہ تھے۔ بے حد سادہ تھے، لمبا کوٹ، سادی قمیص، نیچے علی گڑھی پاجامہ، سر پر کھال کی ٹوپی۔ ہمیشہ پیدل گھومتے تھے۔ کسی سے بات چیت نہ کرتے۔ کوئی کچھ پوچھتا تو دو لفظوں میں جواب دے کر خاموش ہو جاتے۔ کسی سے ایک پیسا نہ لیتے۔ مریض علاج کرانے پر مصر ہو جاتا تو کاغذ کے پرزے پر نسخہ لکھ دیتے۔ کھانے کے لیے کوئی مقرر جگہ نہ تھی، جہاں بھی مل جائے کھالیتے، نہ ملے تو نہ سہی۔ عجب لااُبالی اور بے پروا طبیعت کے انسان تھے۔ مجلس میں موجود رہتے مگر گفتگو میں حصہ نہ لیتے۔ بحث مباحثہ زور پکڑ جاتا تو اٹھ کر چلے جاتے۔ یاری دوستی سے دور رہتے۔ نہ خود کسی کے قریب جاتے نہ کسی کو قریب آنے دیتے۔ میں نے اپنی زندگی میں ایسی کمال سیر نفسی اُنھیں میں دیکھی۔ عمر کے آخری حصّے میں کراچی آئے تھے اور انتقال بھی شاید وہیں ہوا۔ سیٹھ لوگ سمجھتے تھے کہ اتنا بے پروا شخص ضرور کیمیا گر ہی ہو سکتا ہے۔ یہ بات ان کے خیال میں نہ آتی تھی کہ جس شخص نے زندگی کی بے ثباتی کو محسوس کر کے اپنے حاجتوں کو محدود کر لیا

ہو اس جیسا کیمیا گر کوئی اور نہیں ہو سکتا۔

سندھی کے دو ماسٹر تھے جو یاجوج ماجوج کہلاتے تھے۔ جوبلی کوارٹر کے ایک سندھی اسکول میں سندھی اور حساب پڑھاتے تھے۔ ایک کا نام قاسم تھا، دوسرے کا نام ذہن سے اتر گیا ہے۔ پڑھائی میں کافی نام پیدا کیا، لیکن اسکول سے باہر پاگل پنے کی حرکتیں کیا کرتے تھے۔ بلیوں سے خاص دوستی تھی۔ پوری تنخواہ انھیں چھیچھڑے کھلانے میں صرف کر دیا کرتے۔ بلیوں نے اپنے محسنوں کو پہچان لیا تھا، گلیوں میں گھومتے تو آگے آگے خود، پیچھے بلیلاں میاؤں میاؤں کرتی چلتیں۔

دنیا جہاں کے ہر مسئلے پر لوگوں کی رہبری کرنا اپنا فرض سمجھتے تھے، چناں چہ ہر سمت میں تاروں اور خطوں کی جھڑی لگائے رکھتے۔ ۱۹۳۷ کے آس پاس ہٹلر نے جنگ پر کمر باندھی تو اسے تار بھیجا کہ یورپ میں خون بہانے کے بجائے ہندوستان آ کر انگریزوں سے جنگ کرو، ورنہ شکست کھاؤ گے۔ یہ تار سنسر ہو گیا اور سی آئی ڈی دونوں ماسٹروں کو کتنے ہی دن کھینچے پھری۔ آخر انگریزوں نے فیصلہ کیا کہ دونوں پاگل ہیں۔ دماغ خراب ہے، مگر نیت خراب نہیں۔ اللہ نے بلیوں کی دعائیں سنیں اور ان کی جان چھوٹی۔

ایک پرانے دوست نے ان کے بارے میں ایک قصّہ سنایا۔ کہنے لگا: "ایک بار انھوں نے برطانیہ کے شاہی گھرانے سے بھی ناتا جوڑ لیا تھا۔ ایک شہزادی (احتراماً نام نہیں لکھتا) کی منگنی کا چرچا ہوا اور اخباروں میں اس کی تصویریں نکلیں تو بڑے ماسٹر کا دل آ گیا۔ فوراً شہزادی کے والد کو ارجنٹ تار بھیجا کہ اپنی دختر کا ہاتھ میرے ہاتھ میں دیجیے۔ میری علمی لیاقتیں یہ ہیں، سیاست میں وہ پوزیشن ہے کہ گاندھی جی بھی میرے مشوروں پر چلتے ہیں۔ ہمارے اس رشتے سے ہندوستان کا مسئلہ بھی حل ہو جائے گا اور برطانیہ کے سر کا درد ختم ہو گا۔ لندن سے اس تار کی رسید آ گئی۔ محلّات کے سیکرٹری نے عام دستور

کے مطابق چھپے ہوئے کاغذ پر رسید بھیج دی۔ رسید کا مضمون وہی تھا جو ہر مراسلے کے جواب میں استعمال کیا جاتا تھا، یعنی آپ کا مراسلہ پہنچا، اس پر غور کیا جائے گا۔ شاید کسی کلرک نے تار پڑھے بغیر یہ فارم بھر کر بھیج دیا تھا۔

"بہر حال، رسید ملتے ہی ماسٹر صاحب کو دولھا کی ذمے داریوں کا احساس ہونے لگا۔ کئی مسائل اٹھ کھڑے ہوئے: مثلاً، مذہبی قضیے کو کیوں کر طے کیا جائے؟ آپ مسلمان اور شہزادی عیسائی، شہزادی کے مشرف بہ اسلام ہونے کی منزل نکاح سے پہلے آئے گی یا بعد میں؟ نکاح لندن میں ہو گا یا کراچی میں؟ جہیز اور بَری کے سلسلے میں کیا طریقہ اختیار کیا جائے گا؟

"مجھ پر ان کی خاص مہربانی تھی، راز داری کی باتیں اکثر مجھی سے آکر کرتے تھے۔ ایک دن میرے گھر آپہنچے۔ آگے آگے بڑے ماسٹر صاحب، پیچھے پیچھے ان کا بھائی۔ بڑے ماسٹر کے گلے میں پھولوں کا ہار۔ ہنستے مسکراتے نمودار ہوئے۔ چھوٹے بھائی نے مسکراتے ہوئے بتایا کہ اداسائیں کو مبارک باد دیجیے، برطانیہ کی فلاں شہزادی سے ان کی شادی ہو رہی ہے۔ یہ کہا اور لندن سے آئی ہوئی تار کی رسید جیب سے نکال کر دکھائی۔

"میں نے مشورہ دیا کہ مذہبی معاملات پر شہر کے قاضی صاحب سے صلاح کریں، مگر اس سے پہلے ضروری ہے کہ کمشنر صاحب سے جا کر ملیں، چوں کہ یہ مراسلت ضرور کمشنر صاحب کے پاس آئی ہو گی۔ اگر انھوں نے سفارش نہ کی تو شاید شادی میں خلل پڑے، اس لیے پہلے ہی ان سے مل کر انھیں اس رشتے کے فوائد سے آگاہ کریں اور اپنی طرف مائل کریں تاکہ وہ اوپر اچھی رپورٹ بھیجیں۔ میں نے یہ بھی صلاح دی کہ چوں کہ برطانیہ کے خاندان کتوں بلّیوں کے شوقین ہوتے ہیں، اس لیے ماسٹر صاحب اپنی بلّیوں کی تصویریں اترواکر کمشنر صاحب کو دیں تاکہ انھیں بھی خط وکتابت کا حصّہ بنایا جائے۔

"سندھ کے کمشنر اُس زمانے میں گبسن صاحب تھے، جو خود بھی ہنسی مذاق اور کھلنڈرے پن میں خاصے مشہور تھے۔ ماسٹر صاحبان بلیوں کے فوٹو اتروا کر ان کے پاس پہنچے۔ کمشنر صاحب کو لندن سے آئی ہوئی تار کی رسید دکھا کر عرض کی کہ اس رشتے کی سفارش فرمائیں۔ گبسن صاحب انھیں پہچانتے تھے۔ ذرا دیر میں معاملے کی تہہ کو پہنچ گئے۔ کہنے لگے: اچھا کیا جو پہلے ہی سے میرے پاس چلے آئے۔ یہ خط و کتابت واقعی میرے پاس آئی ہوئی ہے اور میں رپورٹ بھیجنے سے پہلے انکوائری کر رہا ہوں۔ مگر ایک رکاوٹ شاید پیدا ہو۔ دولھا کی عمر پچاس سے زیادہ ہے اور دُلہن کی مشکل سے بیس سال۔ یہ بیل شاید منڈھے نہ چڑھے۔ لہٰذا گبسن صاحب نے ماسٹر صاحبان کے آگے ایک متبادل تجویز رکھی۔ بولے: اگر شہزادی والا معاملہ عمر کے فرق کے سبب کامیاب نہ ہو سکے تو اُسی گھرانے کی ایک دوسری شہزادی آج کل میرے پاس مہمان ہے۔ وہ آپ کی ہم عمر ہے، بلیوں کی شوقین ہے اور خاصی دولت مند بھی۔ اگر آپ قبول کریں تو یہ کام فوراً ہو سکتا ہے۔ یہ کہہ کر گبسن صاحب نے ایک گوری عورت نہ جانے کہاں سے بلوا کر انھیں دکھلائی۔ معلوم نہیں ان کی اپنی بیوی تھی یا کیفے گرانڈ کی مالکہ۔ (کیفے گرانڈ کی مالکہ اُن دنوں ایک بوڑھی فرنچ عورت تھی جسے لوگ میڈم صاحب پکارتے تھے۔)

"ماسٹر صاحبان اس پروپوزل پر غور کرنے کے لیے مہلت لے کر میرے پاس پہنچے۔ میں نے کہا: جلدی کرنا مناسب نہیں۔ جب نوجوان شہزادی مل سکتی ہے تو اس بڑھیا سے شادی کرنے کا کیا فائدہ؟ جلدی کا کام شیطان کا۔ کچھ دن بعد لندن میں شہزادی کی شادی ہو گئی اور ماسٹر صاحب کی امیدوں کا سوتا سوکھ گیا۔"

کراچی کا ہر چھوٹا بڑا اُنھیں پہچانتا تھا۔ ہر ایک کو معلوم تھا کہ جب بھی کوئی آئینی مسئلہ ہندوستان میں، یا وزارتوں کے بننے یا گرنے کا معاملہ سندھ میں، پیدا ہوتا ہے تو ماسٹر

صاحبان حسبِ دستور اپنے مشوروں سے، تاروں اور خطوں کے ذریعے، ہر متعلقہ فریق کو مستفید کرتے ہیں اور اس مراسلت کی نقلیں ہمیشہ اپنی جیبوں میں رکھتے ہیں۔

سندھ کے وزیروں سے ملنے اور ان کی رہبری کرنے کے لیے ہمیشہ کوشاں رہتے۔ میں وزیر بنا تو مجھے بھی اپنی ملاقاتوں سے نوازنے لگے۔ ایک دفعہ دفتر میں پٹّے والے نے ان کا ملاقاتی کارڈ لا کر دیا۔ چھپے ہوئے کارڈ پر ان دونوں کے ناموں کے نیچے ان کی تعریف یوں لکھی ہوئی تھی:

"میکرز آف پاکستان، میکرز آف بندے علی منسٹری، پیٹرنز آف اللہ بخش منسٹری، اینیمیز آف ہٹلر، آرکیٹکٹس آف انڈیا پاکستان فریڈم، ویل وِشرز آف جمشید مہتا پریزیڈنٹ کراچی میونسپلٹی، کینڈیڈیٹس آف پریزیڈنٹ شِپ آف پاکستان، کنٹرولرز آف سندھ منسٹریز، کلوز ٹورائل ہاؤس آف بریٹن، کنگز آف گاؤلز اینڈ گوبلنز" وغیرہ۔

میں ان کی تعریف پہلے ہی سن چکا تھا۔ کرسی سے اٹھا اور دروازے کے باہر جا کر ان کا استقبال کیا اور اندر لا کر اپنے پاس بٹھایا۔ وہ ہمارے وزیرِ اعلیٰ پیرزادہ عبدالستار سے بے حد ناراض تھے، کیوں کہ انھوں نے ان کی قدر نہیں پہچانی تھی اور ملاقات کے وقت گرمجوشی سے استقبال نہ کیا تھا۔ فرمایا: "ہم پیرزادہ کو ہٹا کر تمھیں وزیرِ اعلیٰ بنانے آئے ہیں۔" میں نے پوچھا یہ کیوں کر ہو گا۔ بولے: "سیدھی بات ہے۔ جب پیر موجود ہے تو زندگان کی کیا ضرورت۔ منطق پڑھے ہو؟ یہ منطق کا مسئلہ ہے۔"

مجھے بھی مذاق سوجھا۔ میں نے کہا، "پیرزادہ صاحب کو اسمبلی سے بے دخل کریں تب بات ہے۔" بولے: "ہم تیار ہیں۔ خود جا کر پیرزادہ صاحب کی کرسی پر قبضہ کر لیں گے۔" اتنا کہہ کر میرے پاس سے اٹھے اور اسمبلی ہال میں، وزیروں کی آمد و رفت کے درمیان، کسی طرح اندر گھس کر وزیرِ اعلیٰ کی بنچ پر جا بیٹھے۔ پیرزادہ صاحب اور میں اسمبلی

میں داخل ہوے۔ ہم دونوں ایک ہی بنچ پر بیٹھتے تھے۔ پیرزادہ صاحب شگفتہ طبیعت کے انسان تھے، ماسٹر صاحبان کو اپنی بنچ پر بیٹھا دیکھ کر ہنسنے لگے۔ مجھ سے پوچھا، "یہ کیا ہے؟" میں نے کہا: "ان کا دعویٰ ہے کہ یہ میکرز آف پاکستان ہیں، جو چاہیں کر سکتے ہیں۔ جلد یا بدیر انھیں کو آنا ہے۔ اچھا ہوا کہ پہلے ہی اپنی جگہیں حاصل کر لیں، ہمارے آپ کے سر کا درد ٹلا۔" پیرزادہ صاحب نے آگے بڑھ کر انھیں اٹھانے کی کوشش کی تو انھوں نے صاف انکار کر دیا۔ بولے: "ہم پاکستان کے بانی ہیں، اور آج ہم نے تمھیں ڈس مس کر کے وزارتِ اعلیٰ پر قبضہ کر لیا ہے۔" اسمبلی کی گھنٹی بجنے لگی۔ جب انھوں نے شام کو دفتر میں آکر ملنے اور اس مسئلے پر غور کرنے کی بھی پیش کش قبول نہ کی تو ان دونوں کو اسمبلی کے عملے کے ذریعے زبردستی باہر نکلوایا گیا۔ جاتے جاتے انھوں نے پیرزادہ صاحب کی شان میں کچھ گستاخانہ فقرے بھی کہے اور یہ دھمکی بھی دی کہ "ہم ابھی جا کر ملکہ برطانیہ کو تار کے ذریعے رپورٹ وزیرِ اعلی سندھ کی غیر آئینی روش کی بھیجتے ہیں۔" (پاکستان اُن دنوں برٹش ڈومینین تھا، ری پبلک نہیں بنا تھا۔)

ماسٹر صاحبان کا نام یاجوج ماجوج کیوں کر پڑا، اس کے بارے میں فقط اتنا معلوم ہو سکا کہ ان کا اٹھنا بیٹھنا بیشتر گاڑی کھاتے کے محلّے میں تھا۔ جب کوئی بلّی بیمار ہو جاتی تو ماسٹر اسے گاڑی کھاتے کی مسجد میں دھکیل کر بیرونی دروازہ بند کر جاتے۔ مسجد کے امام صاحب زیادہ تر گھر پر رہتے تھے اور صرف نماز کے وقت مسجد میں آتے تھے، اس لیے انھوں نے مسجد کو محفوظ جگہ خیال کر کے وہاں بلیوں کو ٹھہرانے کا بندوبست کر لیا تھا۔ امام صاحب سے پوچھا گیا کہ مسجد میں بیمار بلّیاں کیوں رکھی جاتی ہیں، تو انھوں نے فرمایا کہ یہ بلیلاں یاجوج ماجوج مسجد میں چھوڑ جاتے ہیں۔ اس دن سے ماسٹر صاحبان کا نام یاجوج ماجوج پڑ گیا۔ واللہ اعلم بالصواب۔

خان بہادر اللہ بخش گبول کراچی کے کلبوں اور سیاسی اور سوشل محفلوں کی رونق تھے۔ قدم رکھتے تھے تو محفل کا موڈ باغ و بہار ہو جاتا تھا۔ قد آور، بڑے ڈیل ڈول کے آدمی، رنگ ضرورت سے کچھ کم صاف، پیٹ ضرورت سے کچھ زیادہ برکت بھرا۔ انگریزی تراش کا سوٹ، سر پر پھندنے والی ترکی ٹوپی۔ خوش پوش، خوش نوش، خوش مزاج، خوش مذاق، زندگی کا سفر ہنسی خوشی پورا کیا، کسی غم کو کبھی پاس نہ پھٹکنے دیا۔ انگریزوں کے پیارے، دیسی دوستوں کے سہارے تھے۔ سر غلام حسین سے خاص محبّت اور سر عبداللہ ہارون سے خاص رقابت تھی۔ ۱۹۳۷ء کے انتخابات میں لیاری کے حلقے سے سر عبداللہ ہارون کو شکست دے کر سندھ اسمبلی کے ممبر بنے۔ اسمبلی میں کم بولتے تھے، مگر جو کچھ بولتے تھے وہ سننے والوں کے غم بھلا دیتا تھا۔ اُن دنوں ممبر ہر وقت پارٹیاں بدل بدل کر عہدے حاصل کیا کرتے تھے۔ گبول مرحوم اس الٹ پھیر کا جواز یوں پیش کرتے کہ "سندھی دریائے سندھ کا پانی پیتے ہیں، اس لیے جیسا اتار چڑھاؤ دریائے سندھ میں ہے ویسا ہی سندھ کی سیاست میں۔ فکر کی کوئی بات نہیں۔" ان کا یہ جملہ کلاسک بن گیا اور سندھ کی سیاست کی تعبیر کے لیے برسوں کوٹ کیا جاتا رہا۔

ایک وقت آیا جب سر غلام حسین کا انتقال ہو گیا اور کچھ دوسرے حالات کے سبب سے سندھ کی سیاست اُجاڑ ہو گئی۔ گبول مرحوم نے اس کے بعد دوسروں کی طرح ملک کے اندر دھکے کھانا مناسب نہ سمجھا۔ ہوا کا رخ سمجھ لیا۔ سیاست چھوڑ کر سیّاحت کرنے لگے۔ زیادہ وقت یوروپ میں رہے۔

ایک بار میں نے انھیں جنیوا (سوئٹزرلینڈ) میں تالاب کے کنارے بیٹھے دیکھا۔ ان کے اردگرد یوروپین خواتین کا حلقہ تھا۔ خود بھی ہنس رہے تھے اور انھیں بھی ہنسا رہے تھا۔ یوں لگتا تھا جیسے اگلے زمانے کی طرح کراچی کلب میں بیٹھے ہیں اور ان کی باغ و بہار

باتیں سننے کے لیے لوگوں کے ٹھٹ لگے ہیں۔

وہ سندھ کے واحد سیاست داں تھے جو اپنی مرضی سے سیاسی کھیل کے میدان سے نکل گئے اور پھیکے گنّے چوسنے سے احتراز کیا۔

کارِ دنیا کسے تمام نہ کرد
ہر چہ گیرید مختصر گیرید

رئیس غلام محمد بھرگڑی مرحوم اور سرگباشی سیٹھ ہرچند رائے وشنداس کو میں نے ظاہری آنکھوں سے نہیں دیکھا، مگر دل کی آنکھوں سے ان کا دیدار کیا ہے۔ اپنے دور میں سندھ کی سیاست کے آفتاب اور ماہتاب تھے۔ تھے دونوں پیدائشی وڈیرے، بلکہ وڈ وڈیرے۔ (رئیس غلام محمد میرپور خاص ضلعے کے بڑے زمیندار اور امیر کبیر تھے اور سیٹھ ہرچند رائے مانجھو ضلع دادو والے سیٹھ وِشنداس کے فرزند)، مگر سندھ کے وڈیروں کو راستا دکھا گئے کہ وڈیرا ہوتے ہوے بھی آدمی کیوں کر عزت اور آزادی، شرافت اور انسانیت کی زندگی گزار سکتا ہے اور خلق کی خدمت کرکے سندھ کا حق ادا کر سکتا ہے۔ ان کا دور وہ تھا جب وڈیرے صاحب لوگوں کو سلام کرنے کے لیے حاضر ہوتے تو صاحب کا چپراسی دروازے کے باہر ان کی جوتیاں اتروا کر انھیں ننگے پیر اندر لے جاتا تھا۔ لیوکس صاحب کمشنر انھیں خفیف کرنے کے لیے پوچھتا تھا کہ "بدمعاش ہو یا نہیں؟" (کچھ اور کھردرے لفظوں کی بھی آمیزش ہوتی تھی مگر انھیں لکھا نہیں جا سکتا)۔ وڈیرے جواب دیتے تھے: "قبلہ و کعبہ! باپ دادا کے وقت سے سرکار کے بدمعاش ہیں۔" اندیشہ ہوتا تھا کہ انکار کیا تو مبادا صاحب غصے میں آکر سچ مچ بدمعاشی کی کارروائی نہ شروع کر دے۔

رئیس غلام محمد اور سیٹھ ہرچند رائے پہلے سربرآوردہ سندھی تھے جنھوں نے گوری یا گندمی نوکرشاہی کے سامنے نعرہ لگایا کہ سندھ کی شہریت ایک شان دار شے ہے نہ کہ آبرو

باختگی کی نشانی۔ انھوں نے ہر دم اور ہر قدم حکومت سے مقابلہ کیا۔ آزادی کی ہر تحریک میں پیش پیش رہے۔ جب بھی کاؤنسل یا اسمبلی میں منتخب ہوئے تو سرکار کے خلاف آواز اٹھاتے رہے۔ سیٹھ ہرچند رائے موت کے کنارے پر تھے، چلنے پھرنے اور اٹھنے بیٹھنے سے معذور، اس کے باوجود خود کو کھٹولے پر اٹھوا کر دہلی اسمبلی میں حاضر ہوئے اور سرکار کے خلاف ووٹ دیا۔ رئیس غلام محمد پر نوکرشاہی کا پہلا حملہ ہوا تو وہ لندن جاکر بیرسٹری پاس کر آئے اور پہلے سے زیادہ زورآور ہو گئے۔ دوسرا حملہ ہوا تو وہ اور سیٹھ ہرچند رائے لندن پہنچے اور سیکرٹری ہند کی جان عذاب میں کر آئے۔ دونوں حملوں میں نوکرشاہی کو لینے کے دینے پڑ گئے اور سندھیوں کو بھی سبق مل گیا کہ عزت دار سندھی مقابلہ بھی کر سکتے ہیں، محض گائیں بھینسیں نہیں ہیں کہ کوئی بھی گیدڑ ان پر حملہ کر سکے۔

سندھ کو اٹھا کر اپنے پیروں پر کھڑا کرنے اور بمبئی سے الگ کرنے کی تحریک کی شروعات بھی انھیں بزرگوں نے کی۔ تمام فرقوں کے نمائندوں کو جمع کر کے "سندھ پیکٹ" پر دستخط کرائے جس کے تحت متفقہ مطالبہ کیا گیا کہ سندھ کی الگ شخصیت کو تسلیم کیا جائے اور اسے بمبئی سے علیحدہ کیا جائے۔ ان کے ہوتے ہوئے پورا سندھ اکٹھا تھا، ہندو مسلم نفاق کا بیج نہ پڑا تھا۔ وہ زہریلی ہوا جس نے سندھ کو کاٹ کر رکھ دیا، ابھی چلنی شروع نہ ہوئی تھی۔ اس ہوا کا پہلا جھونکا ۱۹۲۵ میں آیا، مگر اس وقت یہ بزرگ رخصت ہو چکے تھے اور سندھ بے یار و مددگار رہ گیا تھا۔ ان کی نشانی ان کے تربیت یافتہ دو چار ور کر رہ گئے تھے، مثلاً شیخ عبدالمجید سندھی، جے رام داس دولت رام اور دو ایک اَور، جنھیں ہم نے بھی دیکھا۔

ڈاکٹر بٹانی ڈی جے سندھ کالج کے پرنسپل تھے اور ڈاکٹر گربخشانی اسی کالج میں مشرقی علوم کے پروفیسر۔ ایک سیوھانی عامل، دوسرا حیدرآبادی عامل۔ عملی زندگی میں ایک

دوسرے کی آنکھوں میں آنکھیں ڈالے رہے۔ ڈاکٹر بٹانی صوفیوں کے طالب تھے اور خود انھیں بھی فقیری کا کوئی انگ مل گیا تھا، ان کا چہرہ شانتی اور قلبی اطمینان کا آئینہ تھا، آنکھوں میں ایسی چمک کہ میں نے شاید ہی کسی اَور کی آنکھوں میں دیکھی ہو۔ بہت کم بولتے تھے، دھیمی آواز اور رازدارانہ لہجے میں۔ میں نے اُن کی زبان سے کسی شخص کی برائی کبھی نہ سنی۔ تعلیم کے معاملے میں سندھیوں کی پوری ایک پیڑھی کو فیض پہنچایا۔ ان کی کوئی تصنیف میری نظر سے نہیں گزری، شاید ساری توجہ روحانی معاملوں اور تعلیم کی جانب ہی رکھی۔ ہندوستان کی تقسیم ہوئی تو وہ بمبئی چلے گئے، لیکن بعد میں بھی کبھی کبھار اپنے مرشدوں کی زیارت کے لیے آنکلتے تھے۔ ایک بات مجھے اچھی طرح یاد ہے: ان کی موجودگی میں ہر اہلِ دل سکون محسوس کرتا تھا۔ حلیہ یہ تھا کہ چھریرا بدن، لمبا قد، کلین شیو، بند گلے کا چھوٹا کوٹ اور پتلون، دونوں سادہ کھدّر کے، سر ننگا، بالوں میں کنگھی کبھی نہ کی، مگر تیل اکثر لگا ہوتا۔

مقابلتاً ڈاکٹر گر بخشانی ظاہری علم میں بہت آگے، دنیاوی معاملات میں زیادہ تیز، گفتار میں جان دار، لباس میں شان دار، چہرے پر اکثر مسکراہٹ، گفتگو سننے کے لائق، کلین شیو، اگر رنگ کا مسئلہ نہ ہوتا تو انگریز لگتے۔ پی ایچ ڈی تھے۔ فارسی اور انگریزی شاعروں کے ہزاروں بول یاد تھے۔ ہر شخص سے اس کے مذاق کے مطابق گفتگو کرتے۔ کسی پڑھے لکھے آدمی سے بات چیت ہوتی تو حافظ، سعدی، قاآنی، خاقانی، خیّام، ملٹن، ورڈزورتھ، ٹینی سن کو لا موجود کرتے اور مزے لے لے کر ان کا کلام سنایا اور معنی بیان کیا کرتے۔ ان کے بزرگ جھوک شریف کے طالب رہ چکے تھے۔ خود عملی طور پر صوفی تھے یا نہیں، اس کی تو مجھے خبر نہیں، البتّہ تصوف کی تاریخ اور اصولوں کی ایسی واقفیت رکھتے تھے کہ اس معاملے میں ان جیسا کوئی مجھے تو نظر نہ آیا۔

پرنسپل بٹانی سے ان کی نہیں بنتی تھی۔ ان کا خیال تھا کہ ڈی جے کالج کا پرنسپل بننا ان کا حق تھا اور انھیں کو ملنا چاہیے تھا۔ اس کے علاوہ حیدرآباد کے عامل سیوھن کے عاملوں کو اپنے آگے کچھ نہ سمجھتے تھے اور ان میں آپس میں رقابت رہتی تھی۔ عالم لوگوں پر بشریت غالب رہتی ہے، اپنا ثانی کسی کو نہیں سمجھتے، اپنے علم پر ناز کرتے ہیں۔ ڈاکٹر گربخشانی عالم تھے مگر مہذّب۔ لیکن اپنے رقیب بٹانی کے بارے میں کبھی کبھی اُبل پڑتے تھے۔

سندھی زبان اور ادب پر ان کا اتنا بڑا احسان ہے کہ سندھ کے لوگ اس کا بار کبھی اتار نہیں سکتے۔ انھوں نے شاہ عبداللطیف کے رسالے کو چار جلدوں میں مرتّب کیا جن میں سے تین جلدیں ان کی زندگی میں شائع ہوئیں۔ چوتھی جلد نہ چھپ سکی اور غائب ہو گئی۔ ڈاکٹر صاحب کی کتابوں کی اشاعت سے پہلے کا زمانہ مجھے یاد ہے۔ یوں تو بھٹائی کی شہرت عام تھی، مگر پڑھے لکھے لوگوں میں ان کے کلام کی مقبولیت ایسی نہ تھی جیسی ڈاکٹر صاحب کی کتابوں کے منظرِ عام پر آنے کے بعد ہوئی۔ شاہ کا کلام گایا تو ضرور جاتا تھا مگر اس کی گہرائی اور شرح سے واقفیت بہت کم لوگوں کو تھی۔ اکثر مجلسوں میں حافظ، جامی اور سعدی کے کلام کا تذکرہ رہتا تھا۔ فارسی کو تب تک علمی زبان سمجھا جاتا تھا، اور خط و کتابت میں بھی فارسی ہی استعمال ہوتی تھی۔ ناقدری کا حال یہ تھا کہ ڈاکٹر گربخشانی کا مرتب کردہ رسالہ شائع ہوا تو اسے خریدنے والا کوئی نہ ملا۔ ڈاکٹر صاحب نے کتاب کی تیاری اور چھپائی پر اپنی گرہ سے خاصا خرچ کیا تھا، نفع تو دور کی بات، یہ خرچ بھی گلے میں پڑ گیا۔ مجبور ہو کر انھوں نے اپنی کتابوں کے نسخے اُن ذاتی دوستوں اور شاگردوں کو بھیجے جو اب سرکاری عہدوں پر تھے، کہ وہ زبردستی انھیں سندھ کے زمینداروں کے سر مڑھیں اور ان سے قیمت وصول کریں۔ قیمت بھی کچھ ایسی زیادہ نہ تھی، مگر خوشی سے لینے والا

کوئی نہ ملا۔ مختیار کاروں اور ڈپٹی کلکٹروں کا زور پڑا تو بہت سے وڈیروں نے کتاب خریدی مگر گھر پہنچتے ہی اسے ایک طرف ڈال دیا۔ کئی زمینداروں کی اوطاقوں میں میں نے اس کتاب لاجواب پر پرندوں کو بیٹ کرتے دیکھا۔ (شاید انھیں مالی مشکلات کے باعث ڈاکٹر صاحب رسالے کی چوتھی جلد شائع نہ کر سکے۔)

مگر جوں جوں وقت گزرتا گیا، اس کتاب کی برکت سے شاہ صاحب کے کلام اور شخصیت سے سندھیوں کی دل چسپی بڑھتی گئی۔ ۱۹۳۰ کے بعد تو یوں محسوس ہونے لگا گویا سندھیوں کو کوئی چھپا ہوا خزانہ دوبارہ ہاتھ لگ گیا ہے۔

اس کے علاوہ ڈاکٹر صاحب نے سندھی زبان پر (بطور زبان بھی) بہت احسان کیا۔ انھوں نے سندھی تحریر کو ایک نئی طرز عطا کی۔ جو سندھی پہلے لکھی جاتی تھی وہ زیادہ تر بے نمک اور روکھی پھیکی ہوتی تھی، اس میں کوئی رنگ تھا نہ رس، نہ تندی نہ تیزی، نہ تازگی نہ شگفتگی، نہ شوکتِ الفاظ نہ رنگینیِ عبارت۔ یوں لگتا تھا جیسے یہ کوئی مردہ، زمانۂ قدیم کی زبان ہے جسے لوگ زبردستی زندہ رکھنے کی کوشش کر رہے ہیں۔ یہی سبب تھا کہ سندھ کے پڑھے لکھے لوگ سندھی کو نوکروں باورچیوں کی زبان سمجھ کر گھروں میں بند رکھتے اور باہر کا سب کاروبار اور نوشت و خواند فارسی میں چلاتے تھے۔ مگر ڈاکٹر صاحب نے رسالے کا مقدمہ اور اندر کچھ عشقیہ قصّے اپنی نئی طرز میں لکھ کر ایک انقلاب برپا کیا اور ثابت کر دیا کہ سندھی ایک مکمل، زندہ، بے حد وسیع اور زوردار زبان ہے جو ہر ضرورت کو پورا کر سکتی ہے۔

آخر آخر کی سیاسی صورتِ حال اور علمی ماحول نے انھیں بددل اور ناامید کر دیا تھا۔ انھوں نے دوستوں سے ملنا جلنا بہت کم کر دیا اور لکھنے پڑھنے سے بھی کنارہ کر کے ایک طرف بیٹھ گئے تھے۔ اسی ذہنی کوفت میں دل کی حرکت بند ہونے سے ۱۱ فروری ۱۹۴۷ کو

انتقال کر گئے۔

دین محمد علیگ مرحوم شکارپور کے قریب لکھی کے مردم خیز گاؤں میں پیدا ہوے، مگر زندگی کا بیشتر حصّہ کراچی میں رہ کر سندھ کی خدمت میں صرف کیا۔ وہ "الوحید" اخبار اور پریس کے مینیجر تھے۔ بھوک میں، دکھ تکلیف میں پورے تینتیس برس یہ چرخہ چلایا کیے۔ ہمیشہ پس پردہ رہے، نہ دکھاوے کے قائل نہ مال وزر کی طرف مائل۔ ان کی زندگی کا واحد مقصد "الوحید" کو زندہ رکھنا تھا اور اسی مقصد کی پاس داری میں انھوں نے اپنی عمر کا خزانہ لٹا دیا۔

"الوحید" کی مینیجری بھی کوئی آسان کام نہ تھا۔ نہ کسی سرمایہ دار کی سرپرستی، نہ سرکاری یا کاروباری اشتہاروں کی آمدنی، نہ پریس کی چھپائی کی کمائی۔ پرچے کی قیمت ایک آنہ تھی، اور اس آنے کے آدھار پر کراچی جیسے مہنگے شہر میں مسلمانوں کا روزانہ اخبار چلانا، اور وہ بھی پورے تینتیس برس تک، اور اس حالت میں چلانا کہ خواہ سرکار ہزاروں کی ضمانتیں طلب کرے یا ایڈیٹروں کو ایک کے بعد ایک جیل میں ڈالے، نہ اخبار بند ہو گا نہ اخبار کی پالیسی بدلے گی ___ یہ میاں دین محمد علیگ ہی کا کمال تھا۔

بظاہر میاں جی کا چہرہ دیکھ کر یوں لگتا جیسے پوری دنیا سے ناراض بیٹھے ہیں یا دو تین دن سے کھانا نہیں ملا، مگر اس صورت کے پیچھے ایک دل آویز سیرت تھی جو ہر ملنے والے کو چند منٹوں میں مسحور کر لیتی تھی۔ میں نے انھیں مسکراتے صرف ایک بار دیکھا۔ کمپازیٹروں کو تنخواہ نہیں دی جا سکی تھی، کمپازیٹر اور پریس مین صبح صبح کام چھوڑ کر پریس کے دروازے پر بھیڑ لگائے کھڑے تھے۔ اس گھڑی میاں دین محمد پریس میں نمودار ہوے، اِدھر اُدھر نظر گھمائی، مسکراتے چہرے کے ساتھ کارکنوں سے پوچھا: "ارے، تم لوگ کھڑے کیوں ہو؟" ان میں سے ایک بپھر کر بولا: "صبح کے چائے پانی کے لیے بھی

پیسے نہیں ہیں۔" دین محمد ہنس کر بولے: "بدمعاشی چھوڑو اور جاکر کام کرو۔" کارکنوں نے ایک دوسرے کا منھ دیکھا اور اپنے اپنے کام پر لوٹ گئے۔

کارکنوں کو ان پر بھروسا تھا۔ انھیں یقین تھا کہ جہاں تک بس چلے گا، دین محمد انھیں کوئی تکلیف نہیں ہونے دیں گے۔ اس وقت لاچار ہو گئے ہوں گے۔ دس بجے ڈاکیے نے آکر انھیں منی آرڈر کی رقم دی جو انھوں نے فوراً کارکنوں کو بلوا کر ان میں تقسیم کرا دی۔ اپنے پاس فقط دو آنے رکھے جس سے دو پیالی چائے منگوائی۔ ایک میرے سامنے رکھی اور دوسری خود پی۔ اُس زمانے میں چائے والے کیتلیاں اٹھائے سڑک پر گھوما کرتے تھے اور ایک آنے میں ایک پیالی چائے پلاتے تھے۔ غرض دین محمد کی پوری جوانی اسی قلندری کی کیفیت میں گزری۔

نسیم تلوی مرحوم لیاری محلّے کے بلوچ اور پیدائشی پہلوان تھے۔ سدا جوان، سدا بہار، آخر تک چہرے سے عمر کا اندازہ نہیں لگایا جاسکتا تھا۔ سیاست کے ڈنک کا شکار تھے۔ صحافت کا پیشہ اختیار کیا، مگر اسے پیشے کے طور پر استعمال نہ کیا۔ اخبار کا نام تھا "بلوچستانِ جدید"۔ آزادی کے عاشق تھے اور عزتِ نفس کے بغیر جینے کو جنجال سمجھتے تھے۔ غریب تھے مگر غیرت مند۔ سندھ اور بلوچستان کی آزادی اور سربلندی کے راستے میں جو کوئی حائل ہوتا، اسے میدان سے بھگانے کی کوشش کرتے۔

اپنے سیاست اور صحافت دونوں کو انھوں نے بلوچیت کے سانچے میں ڈھال رکھا تھا۔ بلوچستان اور سندھ کا ہر دشمن ان کا ذاتی دشمن تھا، اور دشمن کا دروازہ تکنا، اس سے ہنس کر ملنا، بات کرنا، اس کا نمک کھانا حرام۔ اس کا احسان اٹھانا، مثلاً رہائشی پلاٹ لینا، رعایتی سفر کی سہولتیں حاصل کرنا، کاغذ کے پرمٹ پانا، اس کے خرچ پر بیرونی ملکوں کی سیر کرنا بالکل گویا لحمِ خنزیر۔ یہاں تک کہ اخبار کے لیے حکومت کے اشتہارات بھی قبول

نہ کرتے۔ گرہ میں پیسے ہوتے تو پرچہ نکلتا ورنہ ناغہ، مگر ناغے کے بعد جب پرچہ آتا تو جیسے موالیوں کے سامنے دو آتشہ آگئی ہو۔ آگے پیچھے کی سب کسر نکل جاتی۔ اگلے شمارے تک موذیوں کے گھروں میں کہرام مچا رہتا۔

نسیم تلوی مرحوم قلم رانی کے علاوہ دوسرے بھی فن جانتے تھے، مثلاً خر دم چلانا اور ٹکر مارنا۔ ہاتھ میں قلم، کمر میں خر دم۔ آدمی پر کیا پتا کب وار ہو جائے، اس لیے پیشگی دفاعی بندوبست رکھتے تھے۔ ٹکر مارنے کا مطلب تھا سر سے سر ٹکرا کر مخالف کی پیشانی کی ہڈّی توڑ دینا، ورنہ کم سے کم ماتھے کی کھال کو پھاڑ کر لہولہان کر دینا۔ جاپان کے جوڈو کراٹے کا یہ سندھی بلوچی نعم البدل تھا۔ دفعہ ۱۴۴ لگی ہوئی ہو اور لاٹھی وغیرہ لے کر چلنے کی ممانعت ہو تب بھی آدمی اپنا بچاؤ کر سکے۔ کتنے ہی ایڈیٹروں، اہلکاروں اور حریف کارکنوں پر اشتعال کے موقعوں پر تجربہ بھی کر چکے تھے۔

تقسیم سے پہلے ان کی تمنا تھی کہ موقعہ ملے تو "سندھ آبزرور" کے متعصّب مہاسبھائی ایڈیٹر آں جہانی کو ٹمراج پُنیا کا سر پھاڑ دیں۔ پنیا کو سر عبد اللہ ہارون "منہ کا کالا دل کا کالا کوبرا" کہہ چکے تھے۔ رنگ روپ آں جہانی کا واقعی ایسا ہی تھا، قلم بھی کالے ناگ کی طرح زہر اگلا کرتا۔ پنیا کو نسیم کی نیت کی خبر ہو چکی تھی۔ اس کے سائے سے بھی بچا کرتا۔ کراچی میونسپلٹی کے میئر کی پارٹی تھی۔ میں گیٹ سے اندر داخل ہو رہا تھا کہ پنیا تیز تیز قدم اٹھاتا وہاں سے باہر نکل رہا تھا۔ پارٹی شروع ہونے سے پہلے ہی وہاں سے رخصت ہونے کا سبب بتاتے ہوئے بولا: "نسیم نامراد پارٹی میں آیا ہوا ہے۔ آنکھیں لال ہیں اور میری طرف دیکھ دیکھ کر دانت پیس رہا ہے۔ ممکن ہے میرے ساتھ کوئی حرکت کر بیٹھے اس لیے جا رہا ہوں۔ تمھارا سندھی بھائی ہے، تم اسے سمجھاؤ کہ صحافی کو تشدد پسند نہیں ہونا چاہیے۔ ہو سکے تو ہمارے درمیان صلح کرا دو۔" مگر میں اس معاملے میں کوئی سرجوشی

دکھاتا، اس سے پہلے ہی پنیا خود چوری چھپے بمبئی بھاگ گیا۔ تقسیم ہو جانے کے بعد اس کے قلم کا کھیل ختم ہو گیا تھا۔

تقسیم کے بعد نسیم کے ذہن پر پنیا کے بجائے ایک نو وارد دوسرے ایڈیٹر کی صورت مسلط ہو گئی۔ یہ صاحب مسلمان تھے، اور سوائے رنگ روپ کے ان کی کوئی مشابہت یا مناسبت پنیا سے نہ تھی۔ مگر نسیم کا خیال تھا کہ وہ سندھ اور سندھیوں کو حقارت کی نگاہ سے دیکھتے ہیں اور بلوچستان میں آئینی اصلاحات کے خلاف ہیں کیوں کہ نئی حکومت میں ان کی بہت چلتی ہے۔ ایک دن باتوں باتوں میں نسیم نے کہا کہ اس ایڈیٹر سے اثر، قلم یا زبان میں تو مقابلہ مشکل ہے، ارادہ ہے کہ کسی محفل میں اس سے تو تو میں میں کر کے اس پر اپنا مخصوص ٹکر والا نسخہ استعمال کیا جائے۔

میں نے نسیم کو بہت ڈرایا۔ سمجھایا کہ اس ایڈیٹر کے سر پر حکومت کا ہاتھ ہے، اگر اس کے ساتھ کوئی گڑبڑ کی تو جیل کی ہوا کھانی پڑے گی۔ مگر نسیم بے خوف تھے۔ بولے کہ ہتھیار کوئی بھی استعمال نہیں ہو گا، کورٹ انسان کے سر کو ہتھیار یا اوزار ہر گز قرار نہیں دے سکتی، اس لیے جیل جانے کا سوال ہی پیدا نہیں ہوتا۔

خوش قسمتی یہ ہوئی کہ دوسرے فریق، یعنی اُن ایڈیٹر صاحب، سے بھی میرے اچھے تعلّقات تھے۔ میں نے انھیں پیشگی خبردار کر دیا کہ نسیم کس قسم کا آدمی ہے اور انھیں اس کی جانب سے ضرر پہنچنے کے کیا کیا امکانات ہو سکتے ہیں۔ اس کے بعد وہ نسیم کی خوب خوشامد کرنے لگے۔ جہاں کہیں نسیم پر نظر پڑتی، خود دوڑ کر آتے، گلے ملتے اور "ہیلو مائی ڈیئر مسٹر محمد نسیم خاں صاحب" کے القاب استعمال کر کے بلاوجہ کھیسیں نکالا کرتے۔

بد قسمتی سے چند سال بعد ایک ایسا مسئلہ اٹھ کھڑا ہوا جس پر میرے اور ان ایڈیٹر

صاحب کے درمیان اختلاف پیدا ہوا۔ میرے نقطۂ نظر کے خلاف تقریر کرنے کے لیے مخالف فریق نے ان ایڈیٹر صاحب کو تیار کیا اور دھوم دھام سے میٹنگ میں بھیجا۔ میٹنگ کی صدارت مجھی کو کرنی تھی۔ میں نے انتظام ایسا کیا کہ پہلی قطار میں جس صوفے پر ان ایڈیٹر صاحب کو بیٹھنا تھا اسی صوفے پر نسیم کے لیے بھی نشست رکھی گئی۔ ایڈیٹر صاحب نسیم کو اپنے برابر میں بیٹھا دیکھ کر حوصلہ ہار بیٹھے۔ انھیں یقین ہو گیا کہ منھ سے ایک لفظ بھی نکلا تو نسیم اسے ٹکر رسید کریں گے۔ جب انھیں تقریر کی دعوت دی گئی تو وہ دو تین بار "صدر صاحب، حضورِ والا" کہہ کر دوبارہ کرسی پر ڈھیر ہو گئے۔ یہ دو لفظ بولتے ہوے بھی ان کی نگاہیں نسیم پر جمی رہیں۔ آخر ہیبت کے مارے بے حال ہو گئے اور تقریر نہ کر سکے۔ جن بزرگوں نے انھیں اتنے اہتمام سے میدان میں اتارا تھا ان کا مقصد خاک میں مل گیا۔

اب نسیم صاحب اور وہ ایڈیٹر صاحب اس جہاں سے رخصت ہو چکے ہیں۔ ان کے حق میں فقط دعائے مغفرت ہی کی جا سکتی ہے۔ دونوں تاریخ ساز تھے، دونوں لاجواب تھے۔

کراچی میں انگریز عملداروں کے علاوہ بیوپاری انگریز بھی رہتے تھے جن کی بڑی بڑی کوٹھیاں تھیں۔ مگر انگریز آپس میں ایک دوسرے کے اتنے قریب ہوتے تھے کہ فرق کرنا مشکل تھا کہ کون سرکاری عملدار ہے اور کون عام آدمی۔ جن نامور غیر عملدار انگریزوں کو میں نے کراچی میں دیکھا ان میں سے ایک سر مونٹیگو ویب تھے۔ دیکھنے میں نہایت شان دار شخصیت تھے۔ فاربس فاربس کیمبل یا میکینن میکنزی کمپنی کے مقامی مینیجر تھے۔ سیاست میں حصّہ لیتے تھے۔ انگریزی روزنامہ "ڈیلی گزٹ" کے پہلے چیئرمین اور بعد میں خود ہی ایڈیٹر بھی بنے۔ انگریز قوم اور حکومت کا موقف بیان کیا کرتے تھے۔

بمبئی کاؤنسل کے بھی سرکاری نامزد ممبر تھے۔

ایک اَور انگریز اے ایل پرائس تھے، انھیں بھی حکومتِ وقت کی پشت پناہی حاصل رہتی تھی۔ سندھ کی علیحدگی کے بارے میں جو سرکاری تحقیقاتی کمیٹیاں بنائی جاتی رہیں، ان میں بھی شامل کیے جاتے تھے۔ انھیں اقتصادیات کا ماہر سمجھا جاتا تھا۔ البتّہ خبطی قسم کے آدمی تھے۔ ایک بے حد پرانی فورڈ موٹر تھی جس کے دروازے نکلوا دیے تھے کیوں کہ ان کے خیال میں دروازہ کھولنے میں بھی خواہ مخواہ وقت ضائع ہوتا تھا۔

ڈبلیو رچرڈ سن برسوں کراچی کے سٹی میجسٹریٹ رہے۔ علی برادران والے تاریخی مقدمے کی سماعت سے سرکار کے حکم کے باوجود اس لیے انکار کر دیا کہ ان کے خیال میں یہ سیاسی مقدمہ تھا جسے بنانے میں سرکاری اہلکاروں نے ضرور ہاتھ کی صفائی دکھائی ہوگی جس سے چشم پوشی کرنے کو وہ تیار نہ تھے۔ بعد میں یہ مقدمہ ایک دیسی ایڈیشنل سٹی میجسٹریٹ ایس ایم تلاٹھی کو چلانے کے لیے دینا پڑا۔

سندھ کے ہندو عاملوں میں ایک خراب رسم پڑ گئی تھی جسے "دیتی لیتی" [لین دین] کہا جاتا تھا۔ ان رسم کے تحت لڑکی والوں کو شادی کے وقت بڑی رقم اور قیمتی جہیز دینا پڑتا تھا۔ اس لین دین کی شرح مقرر تھی، یعنی لڑکا جس قدر زیادہ تعلیم یافتہ اور خوش حال ہو، اتنی ہی زیادہ رقم دینی پڑتی۔ نتیجہ یہ ہوا کہ کتنے ہی والدین اپنی شادی کے قابل لڑکیوں کو رخصت نہ کر پاتے کیوں کہ ان کے پاس اتنی دولت نہ ہوتی تھی کہ وہ لین دین کی رسم پوری کر سکیں۔ ایک وقت ایسا بھی آیا کہ بڑی تعداد میں شادی کے قابل لڑکیاں کنوار پنے ہی میں زندگی گزارنے لگیں۔ ہندوؤں نے کوشش کر کے اس رسم کو بند کرانے کے لیے قانون بھی پاس کرائے مگر کچھ فرق نہ پڑا۔

دادا لیکھراج خود حیدرآباد کے ہندو عامل تھے۔ انھیں کنیاؤں کی اس حالتِ زار پر

ترس آیا۔ انھوں نے "اوم منڈلی" کے نام سے ایک ادارہ کھولا جس میں لین دین کی رسم کی ستائی ہوئی اور شادی سے ناامید لڑکیوں کو پناہ دے کر انھیں باقی عمر گیان دھیان اور گھریلو ہنروں میں مشغول رکھنے کا بندوبست کیا گیا تھا۔ کم از کم ظاہری طور پر تو منڈلی کے اصول یہی بیان کیے جاتے تھے۔

منلی کچھ ہی دنوں میں عورتوں میں بہت مقبول ہوگئی۔ عاملوں کی غیر شادی شدہ عورتیں اپنے گھروں سے بھاگ کر وہاں آرہنے لگیں۔ عاملوں کے معاشرے میں بڑی ہاہاکار مچی۔ ماحول کچھ ایسا بن گیا کہ کسی بھی لڑکی پر ماں باپ کو اعتبار نہ رہا۔ جو اب تک نہیں بھاگ سکی تھیں، ان کے بارے میں بھی یہی سمجھا جاتا کہ وہ آج نہیں تو کل ضرور بھاگ کر اوم منڈلی میں پناہ لیں گی اور گھر والوں کی بدنامی کا سبب بنیں گی۔

حیدرآباد کے عامل بڑی چیز ہوتے تھے، علم کے لحاظ سے، اقبال کے لحاظ سے، سیاسی اثر اور بیداری کے لحاظ سے۔ انھوں نے اس خجالت سے جان چھڑانے کے لیے لیکھراج اور ان کی منڈلی کے خلاف بڑا طوفان برپا کیا۔

جیسا کہ دستور تھا، پہلے ہندو اخبار (جو بیشتر عاملوں کے قبضے میں تھے) میدان میں آئے۔ انھوں نے طرح طرح کے الزام لیکھراج پر لگائے: کہ وہ راجا اِندر بن بیٹھا ہے، اندر سبھا بنا رکھی ہے، مُرلی کے بل پر گوپیوں کو جمع کرتا ہے، بنگلے کے اندر تالاب بنا رکھا ہے جس میں گوپیوں کو لباس کے بوجھ سے آزاد کر کے اپنے ساتھ تیراتا ہے، سنیاسیوں سے طاقت کے کشتے لیتا ہے، وعلیٰ ہذ القیاس۔

دوسرے، انھوں نے انگریز سرکار پر دباؤ ڈالنے کی کوشش کی کہ وہ اس ادارے کے خلاف قانون بنا کر اسے بند کر دے، مگر اس میں کامیابی نہ ہوئی۔ انگریز کے اپنے اصول ہوتے تھے۔ سنی سنائی باتوں یا اخباری پروپیگنڈے کی بنیاد پر وہ کسی شہری کی

چار دیواری کا احترام مجروح کرنے کو تیار نہ ہوتا تھا۔ جب تک کمشنری راج تھا اور سندھ بمبئی سے الگ نہ ہوا تھا، سرکاری طور پر کوئی قدم نہ اٹھایا گیا۔ دادا لیکھراج پھن کاڑھے بیٹھے رہے۔

تنگ آکر عاملوں نے "ڈائرکٹ ایکشن" کرنے کا فیصلہ کیا۔

کسرت شالاؤں کا رواج پڑ چکا تھا۔ نوجوان ہندو صبح سویرے وہاں جا کر تیل کی مالش کراتے اور اپنے بدن کو بلوان بنانے کی کوشش کرتے۔ وہ لاٹھیوں اور بلّموں کے استعمال کی تربیت بھی حاصل کرتے۔ طے ہوا کہ وہ برادری کی خاطر اوم منڈلی پر حملہ کریں اور اس چنڈال چوکڑی کو زبردستی بند کرائیں۔

یہ خبر منڈلی والوں تک بھی جا پہنچی کہ حملے کی تیاری ہو رہی ہے۔ انھوں نے اپنی دفاعی حکمتِ عملی پہلے ہی سے سوچ لی جو کچھ یوں تھی: دادا صاحب، فوجی جرنیل کی طرح، اپنا کیمپ میدانِ جنگ سے دور کسی بند کمرے میں بنا کر وہاں سے رہنمائی کریں گے۔ میدانِ جنگ میں منڈلی میں رہنے والی عورتیں خود جا کر حملہ آوروں کا مقابلہ کریں گی۔ ہتھیار منڈلی میں پہلے ہی سے موجود تھے، یعنی جھاڑوئیں، کوڑے سے بھرے چھاج، بوتلوں میں بند بدبو دار پانی، کاغذی پُڑوں میں بھرا ہوا کچرا، مختلف رنگوں سے بھری پچکاریاں، رسوئی کے چمچے اور دوسرے برتن، پرانی جوتیوں کے تلے وغیرہ۔

شکر ہوا کہ انسان کا خون ابھی مہنگا تھا، چھرے اور چاقو مقبول نہ ہوئے تھے۔ قانون سخت تھا، عدالتوں کی عصمت قائم تھی۔ مجبوراً عدم تشدد کے اصول کو ملحوظ رکھنا ضروری تھا۔

حملے کا دن آیا۔ حملہ ہوا۔ سو پچاس والنٹیئر، جن کے ساتھ چار پانچ اخباری نمائندے بھی تھے، اوم منڈلی کے گیٹ پر پہنچ کر گیٹ کو دھکیلنے اور چیخ پکار کرنے لگے۔

اندر عورتیں بھی اپنے ہتھیاروں سے لیس گیٹ کی طرف رخ کیے بیٹھی تھیں۔ معاملہ شروع ہوا۔ والنٹیئروں نے مکّے دکھائے، عورتوں نے جھاڑوئیں لہرائیں، اُنھوں نے لیکھراج کے حق میں زبانی غلاظت اچھالی، اِنھوں نے حقیقی غلاظت ان پر پھینکی، اُنھوں نے دھمکیاں دیں، اِنہوں نے بچّے دکھلائے، اُنھوں نے مہاسبھائی لیڈر "ویر ساورکر کی جے" کے نعرے مارے، اِنھوں نے "دادا لیکھراج کی جے" کے آوازے بلند کیے۔ گھڑی سوا گھڑی یہ ہنگامہ چلا۔ اصل خرابی کچرے سے بھرے کاغذی پُڑوں نے پیدا کی۔ پُڑا آکر لگا، چہرے یا چھاتی سے شُدھ کھادی کے کپڑوں پر غلاظت گری اور جوان بھاگا۔ گیٹ آخر تک نہ کھلا۔ ابھی بوتلوں میں بھرے ہوے مال کی باری بھی نہ آئی تھی کہ والنٹیئر پسپا ہونے لگے۔ حملہ کامیاب نہ ہوا۔ اصل بات یہ تھی کہ اُس زمانے کے غنڈے ابھی اتنے ترقی یافتہ نہ ہوے تھے، عدم تشدد پر وشواس تھا، زبانی جمع خرچ پر اکتفا کرتے تھے۔

دوسری بار "راست اقدام" اس افواہ کے باعث نہ کیا جاسکا کہ منڈلی کی عورتوں نے پہلے سے بھی زیادہ بھاری بندوبست کرلیا ہے، مثلاً کپڑے کی چھوٹی چھوٹی تھیلیوں میں روئی اور کپاس بھر رکھی ہے جسے مقابلے کے وقت گھاسلیٹ میں بھگو کر، تیلی دکھا کر حملہ آوروں پر پھینکا جائے گا۔ جس والنٹیئر پر یہ جلتی ہوئی گُٹھری گرے گی اس کو آگ پکڑ لے گی۔ بڑے جوکھم کا کام تھا۔

آخر پنچوں نے فیصلہ کیا رات کے وقت منڈلی پر پتھروں اور اینٹوں کی برسات کی جائے تاکہ اندر رہنے والوں اور رہنے والیوں کا کچومر نکل جائے۔ منڈلی والوں نے ہندو پوربیے چوکیدار رکھے۔ مگر اتفاقاً کسی نوجوان پوربیے چوکیدار سے کوئی بیچ حرکت ہوگئی، جس کے باعث آئندہ کے لیے دادا لیکھراج کو مرد ذات پر اعتبار نہ رہا۔

تنگ آکر انھوں نے منڈلی کو حیدرآباد سے کراچی منتقل کردیا۔ کلفٹن کی طرف ایک

بنگلہ حاصل کر کے اس کے چاروں طرف اونچی دیواریں بنوائیں۔ حیدرآباد کی بلا کراچی کے سر آئی۔ کراچی کے ہندوؤں میں سراسیمگی پھیل گئی۔ خطرے کی گھنٹیاں بج اٹھیں۔ اخباروں نے خاندانوں کو خبردار کیا کہ گھر والوں پر کڑی نظر رکھیں اور مکانوں پر بھاری قفل لگائیں، پاپی لیکھراج آپہنچا ہے۔

جب تک انگریز اپنی اصل حالت میں رہا، لیکھراج کا بال بیکا نہ ہوا۔ مگر ۱۹۳۷ میں سندھ بمبئی سے الگ ہو گیا۔ ۱۹۳۸ میں اللہ بخش مرحوم کی وزارت بنی جس کا دارومدار ہندو ووٹوں پر تھا۔ ہندوؤں نے ان پر زور دیا کہ اوم منڈلی کو خلافِ قانون قرار دے کر حکماً بند کیا جائے۔ گورنر تب بھی انگریز تھا، اس نے ایسی قانونی دادا گیری کی اجازت نہ دی۔ وزارت سے کہا کہ پہلے ہائی کورٹ کے جج سے تحقیقات کرا کر اس کی رائے لے، پھر مناسب قدم اٹھائے۔

ہائی کورٹ کا جج بطور ٹربیونل مقرر ہوا۔ اس نے کیا رپورٹ دی، اس کی تو کسی کو کچھ خبر نہ ہوئی، البتہ منڈلی کو بند کرنے کا حکم جاری ہو گیا۔

ہندوؤں کے سر سے بلا ٹلی۔ لیکھراج کا اس کے بعد کیا لیکھا رہا، اس کی خبر خالق کو۔

مائی جیٹھی سپاہیملانی حیدرآباد کے ایک معزز عامل گھرانے میں پیدا ہوئیں مگر ان کی سیاسی زندگی کراچی میں گزری۔ سندھ کے الگ ہوتے ہی اسمبلی کی ممبر منتخب ہوئیں اور کچھ عرصے بعد ڈپٹی اسپیکر بنیں۔ پڑھی لکھی، ہوشیار اور مہذب، چتر اور چالاک، گویا کھدّر کی سفید ساڑھی میں سرتاپا کانگریسی سیاست کا مرمریں مجسمہ تھیں۔ ذاتی اور صفاتی کیرکٹر کے لحاظ سے بالکل بے داغ رہیں۔ نسوانی فطرت کی کشش کو مسکراہٹوں اور میٹھی باتوں تک محدود رکھا۔ سیاست میں کانگریس کی قائل تھیں، مسلم لیگ کے لیے عذاب تھیں۔ اسمبلی میں کانگریس کے نمائندوں کو نکیل ڈال کر کھینچے پھرتیں۔ بڑی "نیشنلسٹ"

تھیں۔ سندھ کے کلچر اور پرانے قصوں پر بڑا فخر کرتیں، اور ان کی روشنی میں، موقع ملنے پر، زبانی حجت اور تکرار کرنے سے ذرا نہ گھبراتیں۔

ایک بار میری شامت آگئی۔ اکتوبر ۱۹۳۸ کے دن تھے۔ ہم سندھ کے کچھ سیاسی ذہن رکھنے والے نوجوان کانگریسیوں سے ناامید اور اُس وقت کے وزیرِ اعلیٰ خان بہادر اللہ بخش سے ناراض ہو کر مسلم لیگ میں شامل ہو گئے تھے۔ کراچی کے عید گاہ میدان میں مسلم لیگ کی کانفرنس بلائی گئی جس کی صدارت کے لیے قائداعظم تشریف لائے۔ میں اس کانفرنس کی استقبالیہ کمیٹی کا جنرل سیکرٹری تھا۔ میں نے قائداعظم کو ایک ایسے جلوس میں لانے کا بندوبست کیا تھا کہ ویسا جلوس کراچی نے نہ اس سے پہلے دیکھا کہ نہ اس کے بعد۔

جلوس ختم ہونے کے بعد میں واپس آکر اپنے دفتر میں بیٹھا ہی تھا کہ مائی جیٹھی گرتی پڑتی اندر داخل ہوئیں۔ نہایت غصے میں تھیں، آنکھیں لال، منھ اترا ہوا۔ لگتا تھا کہ کچھ آنسو بھی بہا چکی ہیں۔ انھیں دیکھ کر میں سمجھا کہ ہمارے کسی والنٹیئر نے ان سے کچھ بدسلوکی کی ہے جس کی شکایت لے کر میرے پاس آئی ہیں۔ اُن دنوں ہمارے والنٹیئروں کے انبوہ بندر روڈ پر گھوما کرتے تھے کیوں کہ افواہ تھی کہ مہاسبھائی ہندوؤں نے مسلم لیگ کے پنڈال میں آگ لگانے کا منصوبہ بنایا ہے۔

میں نے مائی کا استقبال کیا، شربت پانی کو پوچھا، کرسی کھینچ کر پاس بٹھایا۔ وہ کرسی پر بیٹھ تو گئیں لیکن دیر تک زبان سے کچھ نہ کہا۔ غالباً بولنے سے پہلے اپنی غصہ دھیما کرنا چاہتی تھیں۔ آخر بولیں:

"مسٹر راشدی، تم ڈینگیں مارتے پھرتے ہو کہ تم سندھی بھی ہو اور سندھ کی تاریخ سے بھی واقف ہو۔"

میں نے کہا، "حکم کیجیے۔"

بولیں: "حکم بھاڑ میں گیا۔ میں تمھیں کچھ بتانے آئی ہوں۔"

اتنے میں پنڈال کے پاس لگے میرے دفتر کے تنبو کے باہر نعرے لگنے لگے: "جیٹی زندہ باد!"، "مسلم لیگ زندہ باد!"، "قائد اعظم زندہ باد!"، "جیٹی زندہ باد!" یہ نعرے سرحد سے آئے ہوئے پٹھان والنٹیئر لگا رہے تھے۔ یہ بیچارے سندھ کے حالات اور لوگوں سے ناواقف تھے۔ جو بھی شخص میرے تنبو میں آتا اسے باہر بیٹھے بیٹھے "زندہ باد" کی تھپکی دیا کرتے۔ کسی مقامی شریر نے انھیں بتا دیا تھا کہ جیٹھی اسمبلی ممبر بھی مسلم لیگ میں شامل ہونے کے لیے آ پہنچی ہے۔ انھیں نام سے ہندو مسلمان کا تو کچھ اندازہ نہ ہوا، ان کا کام تھا نعرے لگانا، سو "زندہ باد" کے نعرے لگانے لگے۔

مائی جیٹھی خفا ہو کر بولیں کہ ان "بلھوشوں" کو چپ کراؤ تا کہ میں تم سے دو لفظ کہہ کر رخصت ہوں۔ میں نے باہر جا کر والنٹیئروں کو نعرے لگانے سے روکا اور واپس آ گیا۔

مائی جیٹھی کی تقریر شروع ہوئی۔ گھنٹا بھر بولتی رہیں۔ بیچ میں ایک لفظ کہنے کا موقع نہ دیا۔ چھٹی امرانی، دودو چنیسر، فیروز سمّا، عیسی ترخان، عندالنبی کلھوڑو، الیگزنڈر برنس اور دوسروں کے بے شمار قصّے سناڈالے۔ ان میں سے کچھ مجھے بروقت سمجھ میں آئے، کچھ بعد میں تفصیلی تاریخ پڑھنے پر معلوم ہوئے۔ انھوں نے مجھ سے جواب لینے کی زحمت نہ کی اور اپنی بات پوری کر کے اٹھ کھڑی ہوئیں، ہینڈ بیگ اٹھایا اور تیز تیز قدم رکھتی باہر نکل گئیں۔ اس قدر غصے میں تھیں کہ جاتے ہوئے الوداع تک نہ کہی۔

اس کے بعد سندھ میں مسلم لیگ کی تحریک زور پکڑتی گئی۔ کانگریسیوں، خصوصاً مائی جیٹھی، کے رویّے میں کوئی نرمی نہ آئی، نہ ہم نے پیر پیچھے ہٹایا۔ ضدیں بڑھتی گئیں۔ ۱۹۳۸ سے ۱۹۴۷ تک کشمکش تیز ہوتی گئی، اسمبلی میں گھمسان ہوا، ہندو مسلم فسادات

ہوئے، مقدمے چلے، ٹربیونل بیٹھے، آخر ہندوستان ٹوٹا، پاکستان بنا۔ دوسرے کانگریسیوں کی طرح مائی جیٹھی بھی سامان اٹھا بمبئی چلی گئیں۔

جن دو تین مسلمان قومی کارکنوں سے اُن کی بالکل نہ بنتی تھی ان میں ایک میں بھی تھا۔ ہم تمام وقت متصادم سیاسی کیمپوں میں رہے، مگر بیس برس کی واقفیت تھی۔ وضع داری کا تقاضا نبھاتے ہوئے میں انھیں خدا حافظ کہنے گیا۔ انھوں نے فقط تین لفظ کہے، جو اب تک حافظے میں محفوظ ہیں۔

جیسے اُس زمانے کے ہندوستانی راجاؤں میں مہاراجا بیکانیر، ویسے سندھ کے سربرآوردہ مسلمانوں میں میر ایوب خاں مرحوم۔ بلند قامت، بھرا بھرا جسم، گوری رنگت، رعب دار شہپر، داڑھی صاف، سر پر سُرخ ترکی ٹوپی، سوٹ پہنے ہوں یا شلوار، بو ٹائی ضرور لگی ہوتی۔ لس بیلے کے جاموں میں سے تھے، صورت اور سیرت بھی ویسی ہی۔ انھیں دیکھ کر تسلّی ہوتی کہ کراچی میں بھی کچھ معزز لوگ رہتے ہیں۔

ولایت سے بیرسٹری پاس کرنے کے بعد آکر کراچی میں رہنے لگے تھے، مگر پریکٹس نہیں کی۔ انگریزوں میں مردم شناسی تھی اور آدمی کی قدر، انھوں نے میر صاحب کو اول درجے کا آنریری میجسٹریٹ مقرر کیا اور اس عہدے پر وہ آخر تک فائز رہے۔

وقتاً فوقتاً مرحوم نے سیاسی چہل پہل میں بھی حصّہ لیا، مگر سندھ محمڈن ایسوسی ایشن، محمڈن ایجوکیشنل کانفرنس، اوائلی مسلم لیگ، سندھ مدرسۃ الاسلام، کراچی میونسپلٹی، کوئی چھوٹا موٹا ڈپیوٹیشن __ اس سے اوپر نہ پرواز کی نہ پرواز کی خواہش رکھی۔ نہ طائرِ لاہوتی ہونے کا دعویٰ کیا نہ شاہیں بچہ بننے کا عزم۔ نیم نان صحتِ جان۔

سندھ کے خاندانی کلچر کا دلکش نمونہ تھے جس میں مغربی تہذیب اور علمِ جدید کی آمیزش کی بھی خاصی گلکاری تھی۔ وقت کے انگریز ان کا بڑا احترام کرتے تھے۔ لیڈی

لارنس نے اپنی کتاب Indian Embers میں ان کی بہت تعریف کی ہے۔

اردو اور فارسی ادب سے دل چسپی رکھتے تھے۔ کراچی میں انجمن ترقی اردو کی پہلی شاخ انھوں نے کھلوائی۔ کسی زمانے میں شعر و شاعری کا بھی شغل کرتے تھے۔ مخلوقِ خدا انھیں اچھا انسان سمجھتی تھی۔ مقدور بھر سب کو فائدہ پہنچاتے، دشمنی کسی سے نہ کی۔ سب کی عزت کرتے، سب سے عزت کراتے۔ انھوں نے دنیا سے رحلت کی تو گویا کراچی کی ٹوپی کا پھول گر پڑا۔ ان کی کمی کوئی شخص پوری نہ کر سکا۔ شہر کی آبرو چند افراد ہی ہوتے ہیں، ورنہ مکھی مچھر، کیڑے مکوڑے تو ہر شہر میں رہتے ہیں۔

محمد ہاشم گزدر، نام محمد ہاشم، سلاوٹی قوم کا گزدر قبیلہ۔ پیشہ انجنیئری۔ صاف رنگ، درمیانہ قد، بھاری بدن، خوش پوش، خوش ذوق، خوش لباس، خوش خُلق۔ جوانی ہی میں نوکری چھوڑ کر سیاست سنبھالی۔ مرحوم بابا میر محمد بلوچ کے صحیح جانشین، سندھ کا مان اور کراچی کی شان بنے۔

ابھی سندھ بمبئی سے الگ نہ ہوا تھا کہ بابا مرحوم کی وفات کے بعد بمبئی کاؤنسل کے ممبر منتخب ہوے۔ سندھ کی علیحدگی کے بعد متعدد سیاسی عہدوں پر رہے: کراچی کے میئر، سندھ اسمبلی کے ممبر، سندھ کے وزیر، مرکزی اسمبلی کے ممبر اور آئین ساز مجلس کے نائب صدر۔

گزدر کی سیاست گز کی طرح سیدھی تھی۔ شروع زندگی سے آخر تک عشق سندھ کے مسلمانوں سے رہا۔ منھ سے کوئی دوسرا بول نہ نکلا۔ سردی ہو یا گرمی، دکھ ہو یا سکھ، آگے بڑھتے رہے۔ ببر شیر کی طرح دہاڑتے رہے، کسی سے نہ دبے، کسی کے آگے نہ کانپے۔

میں ان سے کہا کرتا کہ سیاست میں تم کام پہلے کر ڈالتے ہو، سوچتے بعد میں ہو۔ یہ

اندازہ درست تھا۔ کوئی جھگڑا ہونے کی دیر تھی، گذدر ناچتے کودتے اس میں کود پڑتے اور بعد میں پوچھتے کہ جھگڑا کیا تھا۔

کراچی کی سیاسی اور مسلم لیگی زندگی پر سالہا سال چھائے رہے۔ گذدر نہ ہوتے تو کراچی میں، جہاں ہندوؤں کا زور تھا، نہ ۱۹۳۸ کی مسلم لیگ کانفرنس کامیاب ہوتی، نہ ۱۹۴۳ کا آل انڈیا سیشن اور نہ پاکستان کی تحریک۔ سندھ اسمبلی میں تو کانگریسیوں کے حق میں قہر تھے۔ کسی کو چڑانے یا کسی کے ہوش حواس گم کرنے کی ضرورت ہوتی تو گذدر کو آگے کر دیا جاتا۔ ایک دفعہ اسمبلی میں بحث کے دوران گرما گرمی ہوگئی۔ کانگریس پارٹی کے اکیلے مسلمان ممبر، محمد امین کھوسو بحالتِ جذب و استغراق بیٹھے تھے۔ اِنھوں نے اُنھیں ٹائی سے پکڑا اور تھپڑوں پر تھپڑ رسید کرنے شروع کر دیے۔ ایک ہنگامہ اٹھ کھڑا ہوا۔ اسپیکر "آرڈر آرڈر" پکارتا رہا مگر یہ حضرت اپنے کام میں لگے رہے۔ کانگریس کے ممبر، جن کا تشدد میں وشواس نہ تھا، بھاگنے کے لیے دروازوں پر نظریں جمائے بیٹھے تھے۔ مائی جیٹھی سپاہیملانی (ڈپٹی اسپیکر) کو یہ بات نہ بھائی۔ اپنی نفرت کو نسوانی انداز میں ناک سکیڑ کر نوکدار بنائے، منھ ہی منھ میں اپنے خیالات کا اظہار کرتی رہیں، زور سے بولنے اور پارلیمانی آداب یاد دلانے کے لیے ماحول سازگار نہ تھا۔

سکھر کی مسجد منزل گاہ کے سلسلے میں مسلم لیگ کی تحریک جاری تھی۔ پولیس اور ستیہ گرہی مسلمانوں کے درمیان مقابلہ ہو رہا تھا۔ پولیس (محکمۂ داخلہ) کے وزیر سر غلام حسین تھے۔ میں نے سکھر سے گذدر کو پیغام بھیجا کہ سر صاحب کے بنگلے کا گھیراؤ کر لو۔ گذدر نے لوگوں کو جمع کیا اور جلوس کی صورت میں جا کر بنگلے کا گھیراؤ کر لیا۔ سر صاحب کو پہلے ہی بھنک پڑ گئی تھی، اس لیے بنگلے سے کھسک گئے تھے۔ انھوں نے نعرے لگا لگا کر گھر والوں کا جینا دوبھر کر دیا۔ گذدر خود اور ان کے والنٹیئر دھرنا دیے بیٹھے رہے۔ بعد

دوپہر خبر پہنچی کہ حکومت نے منزل گاہ سے پولیس ہٹالی ہے، تب سر صاحب کے دولت خانے سے محاصرہ ہٹا۔

مسلم لیگ اور تحریکِ پاکستان کے اس قدر شیدائی تھے کہ سندھ بلکہ ہندوستان کے کسی گوشے میں کوئی میٹنگ یا کانفرنس ہوتی یا کوئی جلوس نکلتا تو گزدر ضرور شامل ہوتے۔ مارچ ۱۹۴۰ میں آل انڈیا مسلم لیگ کا اجلاس لاہور میں ہو رہا تھا۔ گزدر صاحب پہلے ہی سے آ پہنچے۔ لاہور کے اجلاس کا بندوبست کرنے کے لیے میں کئی ماہ سے وہاں موجود تھا۔ اجلاس شروع ہونے سے پہلے گزدر نے مجھ سے کہا کہ ان کے بیٹھنے کا کچھ ایسا بندوبست کروں کہ وہ قائداعظم کے قریب رہیں اور خدانخواستہ ان پر کوئی حملہ ہو تو وہ خود کو سامنے کر کے قائد کا کچھ بچاؤ کر سکیں۔ انھیں خبر ملی تھی کہ اس قسم کے حملے کا امکان ہے۔ مگر خدا نے خیر کی اور کوئی حملہ نہ ہوا۔

۱۹۵۴ میں گورنر جنرل غلام محمد نے وزیرِ اعظم محمد علی بوگرا پر دباؤ ڈال کر آئین ساز اسمبلی کو توڑ دیا تھا۔ گزدر مرحوم اسمبلی کے ڈپٹی اسپیکر تھے۔ خوف کے مارے اسمبلی کے دوسرے ممبر اور عہدے دار تو بھاگ گئے، مگر گزدر صاحب صبح کو حسبِ دستور بن سنور کر، عمدہ سوٹ پہن، کوٹ میں گلاب کا پھول لگا اسمبلی ہال کے باہر پہنچے اور پولیس کا پہرہ توڑ کر اندر داخل ہونے کی کوشش کرنے لگے۔ پولیس کا ہاتھ سنگین لگی بندوقوں پر اور گزدر کا ہاتھ دروازے میں لگے تالے پر۔ کافی دیر کشمکش ہوتی رہی۔ گزدر کو قانونی طور پر Cause of Action کا مقدمہ دائر کرنے کا جواز پیدا کرنا تھا جس کی بنیاد پر ہائی کورٹ میں حکومت کے خلاف رٹ داخل کی جا سکے۔ رٹ داخل ہوئی جسے قانون کی تاریخ میں "مولوی تمیز الدین خاں کیس" کی حیثیت حاصل ہوئی۔ مولوی صاحب اسمبلی کے اسپیکر تھے۔ اس واقعے کے ذریعے "جمہوریت" کا جلوہ دیکھ کر اپنے گھر جا بیٹھے۔

مرتے مر گئے مگر پھر اِدھر کا رخ نہ کیا۔

ایوب خاں کا دور آیا۔ اس دور میں اِنھیں ہاشم گزدر پر الزام لگا کہ پاکستان کی سالمیت کو ان سے خطرہ ہے۔ کچھ پوچھے گچھے بغیر انھیں جیل میں ڈال دیا گیا۔ پاکستان کے لیے گزدر کی برسوں کی قربانیاں اور خدمتیں ایک پل میں رائیگاں ہو گئیں۔ جب ایوب خاں سیاستداں بنے تو انھوں نے کنونشن مسلم لیگ قائم کی۔ کراچی شہر سے گزدر جیسے مسلم لیگ کے پرانے پہلوان کو شامل کرنے کی شدید ضرورت محسوس ہوئی۔ یک دم پاکستان کی سالمیت کو درپیش خطرہ ٹل گیا، گزدر رہا ہو گئے۔ امید کی گئی کہ گزدر جیل کا سبق سیکھنے کے بعد سیدھے سرکاری مسلم لیگ کا رخ کریں گے۔ مگر گزدر جیسے بیٹے بھی دوسری ماؤں نے کیا جنے ہوں گے، جان جائے پر آن نہ جائے۔

جہانگیر پارک میں عام جلسہ ہوا۔ گزدر وہاں پہنچ گئے۔ تقریر ایسی کی کہ سالمیت پھر خطرے میں پڑ گئی۔ انھیں دوبارہ جیل میں ڈال دیا گیا۔ اس دفعہ ان کا جرم اَور سنگین تھا، اس لیے بغاوت کا مقدمہ بھی قائم کر دیا گیا۔ بہت عرصہ قید کاٹی۔ جب رہا ہوے تو صحت برباد ہو چکی تھی۔ اچانک دل کا دورہ پڑا اور سندھ کے دوسرے شہیدوں سے جا ملے۔ اب کراچی کے کسی گمنام گوشے میں ابدی آرام کر رہے ہیں۔ ان کے آرام کے خیال سے نہ وہاں میلا لگتا ہے، نہ بچوں کی خواہش مند عورتیں وہاں آکر ان کے سرہانے ہنگامہ کرتی ہیں، نہ نمائشی سیاست داں قبر کے پاس کھڑے ہو کر فوٹو کھنچواتے ہیں (ہاتھ اٹھے ہوے، نظریں فوٹوگرافر پر)۔

بوڑھے پوربیے کی پیدائش بھارت کے پوربی حصّے میں ہوئی تھی، مگر مزدوری کیاماڑی بندر پر کرتا تھا۔ پیٹھ ننگی، جہازوں میں سے بوریاں اٹھا اٹھا کر نیچے اتارتا اور ریل کے ڈبوں سے سامان اٹھا کر جہاز میں لادتا۔ مزدوری ایک روپیا روز، عمر ستّر سے اوپر۔

دھرم ہندو۔ لمبا قد مگر بدن دبلا۔ سینے تک لمبی داڑھی۔ نیچے لنگوٹی، اوپر کا بدن اکثر ننگا۔ نام اب مجھے یاد نہیں رہا۔

شام کے وقت سڑک کے کنارے ایک میدان میں چٹائی بچھا کر بیٹھ جاتا اور جو غریب لوگ ٹوٹے ہاتھ پیروں کا علاج اسپتالوں میں کرانے کی سکت نہ رکھتے، یا اسپتالوں سے ناامید ہو چکے ہوتے، اس کے پاس آیا کرتے۔ وہ ان کی ہڈیاں بھی جوڑتا اور تیل کی مالش کر کے پٹیاں بھی باندھتا۔ کسی سے ایک پیسا نہ لیتا تھا۔ تیل اور پٹّیوں کا خرچ بھی خود اٹھاتا۔ اپنے فن کا استاد تھا۔ شہرت ایسی تھی کہ جن مریضوں کو اسپتال سے جواب مل جاتا وہ بھی اس کے پاس آتے۔ آخر آخر تو مالدار مریض بھی اسپتالوں کو چھوڑ کر اس سے علاج کرانے آنے لگے۔ مقررہ وقت پر بہت سے مریض جمع ہو جاتے۔ وہ ہر ایک کو باری سے دیکھتا تھا، امیر ہو یا غریب۔

سر گباشی رائے بہادر ہوت چند نواب شاہ کے بڑے زمیندار، بعد میں سندھ اسمبلی کے اہم ممبر، میرے پرانے دوست تھے۔ کسی حادثے میں ان کا ہاتھ ٹوٹ گیا اور ٹانگ مڑ گئی تھی۔ پیسے کی کمی نہ تھی۔ کراچی کے بڑے بڑے انگریز سرجنوں سے علاج کرایا مگر کچھ فائدہ نہ ہوا۔ ایکسرے سے معلوم ہوا کہ ہڈیاں ٹوٹنے کے بعد جہاں کی تہاں رکھی ہیں، نہ سیدھی ہوئی ہیں نہ جڑی ہیں۔ انھوں نے کسی کی زبانی کیاماڑی کے بوڑھے پوربیے کا ذکر سنا۔ ایک شام مجھے ساتھ لے کر کیاماڑی پہنچے۔ زمین پر پرانی چٹائیاں بچھی تھیں۔ سو کے قریب مریض سامنے قطاریں بنائے بیٹھے تھے۔ ان میں غریب بھی تھے امیر بھی — پارسی سیٹھ، میمن، بوہری، ہندو، مسلمان، کرسٹان اور دو ایک یوروپی، بیش تر مرد، کچھ عورتیں بھی۔ باری باری ایک ایک کو بلاتا، سامنے بٹھا کر دیکھتا، معائنہ کرتا، ہڈی جوڑتا، پٹی باندھتا اور "پرماتما بھلی کرے گا" کہہ کر رخصت کر دیتا۔ رائے بہادر اور میں آخری

صف میں بیٹھے تھے۔ آگے کی قطاریں ختم ہوئیں تو رائے بہادر کو قریب آنے کا اشارہ کیا۔ میں انھیں سہارا دے کر آہستہ آہستہ اس کے پاس لے گیا۔ اس نے رائے بہادر کے بازو اور ٹانگ کی ہڈیاں جوڑ کر پٹّی باندھی اور آٹھ دن بعد آنے کا کہہ کر فارغ کر دیا۔

پھر میری طرف دیکھ کر کچھ مسکرایا اور پوچھا: "پُتر، کیا ہووت ہے؟"

میں نے کہا، "ہمارا من ٹوٹت ہے۔" اس سے زیادہ پوربی مجھے نہیں آتی تھی۔

جب سب مریض جا چکے تو رائے بہادر اور میں باقی رہ گئے۔ وہ خود بھی فارغ ہو چکا تھا اس لیے خوش گوار موڈ میں تھا۔ پیار بھری باتیں کرنے لگا۔ بہت سی باتیں کیں جن کا خاتمہ ان جملوں پر ہوا: "پُتر، سکھی رہو گے اگر یاد رکھو گے کہ جیون جل میں پترا (کاغذ) ہے۔ گلنے والی چیز ہے۔ آج نہیں تو کل گل جائے۔"

رائے بہادر اس کے بعد تین مرتبہ اس کے پاس گئے۔ میں بھی ان کے ساتھ جا کر درویش کے درشن کرتا رہا۔ رائے بہادر کا بازو اور ٹانگ جڑ کر بالکل ٹھیک ہو گئی۔ پھر جانے کا اتفاق نہ ہوا، زمانے کے اتار چڑھاؤ میں غرق رہا۔ رائے بہادر نے بھی سندھ کو الوداع کہہ کر بمبئی میں بقیہ زندگی بسر کی۔ مگر پوربیے فقیر کی صورت آج بھی آنکھوں کے آگے پھرتی ہے۔ غیر معمولی انسان تھا، چند لفظوں میں زندگی کی ماہیت اور معنی سمجھا گیا۔ سائیں سب میں بستا ہے، اُس کے مہر کا مینھ باغوں بیابانوں پر ایک جیسا برستا ہے۔

سندھ میں سخت پردہ ہوتا تھا۔ عورتوں کو شادی بیاہ پر برادری میں جانا پڑتا تو برقع اوڑھ کر پردے لگی گاڑی میں سوار ہوتیں، وہ بھی رات کے وقت۔ راستا چلتے لوگ ایسی گاڑیاں دیکھ کر راستا چھوڑ، گاڑی کی طرف پیٹھ کر کے کھڑے ہو جاتے۔ بڑے گھرانوں کی مستورات کو فاصلے کے سبب ریل کے ذریعے لے جایا جاتا تو اس طرح کہ پورا ڈبّا بک کرایا جاتا اور کھڑکیاں دروازے بند رکھنے کے علاوہ خود ڈبّے کو بھی چادروں سے ڈھانپ دیا

جاتا کہ کہیں غیروں کی نظر نہ پڑ جائے۔ اُن دونوں تمام کراچی شہر میں بھی کوئی بے پردہ عورت، جوان یا بوڑھی، ہندو یا مسلمان، دیکھنے میں نہ آتی تھی۔ مختلف قومیں یہاں رہتی تھیں، مذہب مختلف تھے، ریتیں رسمیں جدا جدا تھیں، مگر کم سے کم ۱۹۳۰ تک پردے کے معاملے میں سب ہم خیال تھے۔ پارسی البتہ کسی قدر آزاد تھے، مگر اُن کی عورتیں بھی منھ ننگا کیے گلیوں میں گھومتی نہ پھرتی تھیں، کبھی کبھی سورج غروب ہونے کے وقت اپنے مردوں اور بچوں کے ساتھ وکٹوریا گاڑی میں سوار ہو کر ہوا بندر یا اُدھر جانے والی سڑک کے کنارے پر گاڑی رکوا کر ٹھنڈی ہوا کھا آتیں، اللہ اللہ خیر سلّا۔

۱۹۳۰ تک میں نے دیکھا کہ کراچی میں صرف ایک ایسی پارسی خاتون تھی جو سینٹ لیونڈر لگا کر، رنگین ساڑھی باندھ کر، ہار سنگھار کر کے شام کو ہوا بندر پر آتی اور وہاں بے حجابانہ چہل قدمی کرتی تھی۔ تھی تو اشراف، اوباش بالکل نہ تھی۔ صدر کے ایک مشہور ڈاکٹر کی بیوی تھی۔ اکثر اپنے شوہر کو بھی ساتھ لے آتی۔ ہوا بندر پر اس کی آمد بلا ناغہ ہوتی تھی۔ اتفاق سے اگر کسی روز شوہر کو فرصت نہ ہوتی تو اکیلی چلی آتی، مگر آتی ضرور تھی۔

خود کراچی کے رہنے والے اس خاتون کا کوئی نوٹس نہ لیتے، البتہ دیہات سے آنے والے مالدار لوگوں کے لیے ایک حسین عورت کا یوں بے پردہ اور بے حجابانہ گھومنا نرالی بات تھی۔ وہ بگھیاں کرائے پر لے کر شام کو ہوا بندر آتے اور یہ نظارہ ضرور دیکھتے۔ پرومینیڈ (سیر گاہ) کے دونوں طرف چھتوں اور دیواروں پر چڑھے بیٹھے رہتے۔ جن کی داڑھیاں تھیں وہ ان میں چوٹیاں گوندھ لیتے، جن کی مردانگی کی نشانی فقط مونچھیں تھیں وہ بیٹھے انھیں کو بل دیا کرتے۔ مگر وہ عورت نہ داڑھی کی چوٹیوں سے متاثر ہوتی نہ مونچھوں پر کی گئی محنت کی قدر کرتی۔ اپنی آنکھیں سامنے جمائے چہل قدمی میں مصروف

رہتی اور اپنے متوالوں کے سینوں پر مونگ دلا کرتی، نہ اِدھر دیکھتی نہ اُدھر نظر ڈالتی۔ اس کی اس بے توجہی سے بیزار ہو کر کچھ نوجوانوں نے عین اُسی وقت پرومینیڈ پر ٹہلنے کا وطیرہ اختیار کیا، اور اس طرح کہ ہر پھیرے میں اس کے پاس سے گزرتے، مگر اس کی طرف سے بے نیازی کا رویّہ قائم رہا۔ اسی زمانے میں دیہات کے وڈیروں نے موٹریں خریدنی شروع کی تھیں۔ ستائیس سو میں شیورلیٹ اور دو ہزار میں فورڈ کار بکتی تھی۔ کراچی آکر موٹر خریدنے کے بعد یہ لازم ہوتا کہ موٹر کو ہوا بندر لے جا کر ایسے رخ سے کھڑا کیا جائے کہ جب خاتون سے آمنا سامنا ہو تو اس کی نظر گاڑی اور اس میں بیٹھے لوگوں پر پڑے۔ جب اس پر بھی چشمِ نیم وا کی نوازش نہ ہوئی تو موٹروں کے ہارن بلا وجہ بجائے جانے لگے۔ ہارن ربڑ کی گیند کی طرح کے ہوتے تھے اور ان سے نکلنے والی آواز گویا نر گدھے کی رینک! کچھ دن میں یہ تجربہ بھی ناکامیاب ثابت ہوا۔

آخری طریقہ یہ رہ گیا کہ کراچی پہنچتے ہی بیمار پڑ جایا جائے اور اُسی ڈاکٹر سے علاج کرایا جائے جس کی یہ بیوی تھی۔ بیماریاں کیا ہوتی تھیں، اس کی تو خبر نہ لگی، مگر اتنا ظاہر تھا کہ سندھ کے شوقین وڈیرے یا نوجوان لیڈر اس ڈاکٹر کے مطب کے خوب چکر لگایا کرتے۔ قربت حاصل کرنے کی غرض سے وہ اکثر اپنے ساتھ میوے، مٹھائیاں اور سندھ سے شکار کیے ہوئے پرندوں کی ڈالیاں بھی لاتے تھے۔ ان کا یہ "ورک" کتنا کامیاب رہا، یہ خدا پاک کو خبر۔ جہاں تک میں دیکھ پایا وہ یہ تھا کہ ایسے مریض لال اور ہرے مکسچروں کی بوتلیں ہاتھ میں لیے باہر نکلتے۔ گھر جا کر انھیں پیتے تھے یا گٹر میں لنڈھا دیتے تھے اس کا دارومدار لازماً ان کے مرض کے سچے یا جھوٹے ہونے پر ہوتا۔ البتّہ جو مریض ڈالیوں سے "مسلّح" ہو کر آتے ان کے چہرے کبھی کبھی سرخ ہوا کرتے، گمان ہوتا تھا کہ شاید شربتِ دیدار کا گھونٹ بروقت میسّر آگیا۔ فوری علاج یہی ہو سکتا تھا!

گوٹھ واپس جانے کے بعد جب کراچی میں حاصل کی ہوئی فتوحات کا ذکر محفلوں میں ہوتا تو گفتگو کا ایک اہم موضوع اِس محاذ کی خبریں بھی ہوا کرتیں۔

کراچی کی "مینڈموں" سے ہمارے وڈیروں کی روح فنا ہوتی تھی، حالاں کہ دیدارِ عام یہی ہوتا تھا۔ میڈ میں خاصی تعداد میں ہوتیں۔ صبح شام صدر کی دکانوں کی سیر کیا کرتیں۔ ان کی خاص مارا لفنسٹن اسٹریٹ ہر ہوتی تھی، جہاں ان کی ضرورت کی چیزوں کی دکانیں تھیں۔ دیہات سے آئے ہوئے وڈیرے ان سے بہت خوف کھاتے تھے۔ مبادا کسی میم صاحب سے اچانک سامنا ہو جائے، اس ڈر سے بہت سے تو صدر کا رخ ہی نہ کرتے۔ ان کی سرگرمیاں مولو مسافر خانے، زمیندار ہوٹل، سندھ اسلامیہ ہوٹل، جونا مارکیٹ، نیپیئر روڈ، کیاماڑی اور زیادہ سے زیادہ ہوا بندر تک محدود رہتیں۔ ایک دن میں نے دیکھا کہ الفنسٹن اسٹریٹ پر جال بھائی پارسی فوٹوگرافر کی دکان میں جیکب آباد کی طرف کے دو تین طرّوں والے وڈیرے اپنے آدھ درجن نوکروں سمیت گھُسے کھڑے ہیں۔ خوف سے نیم جاں، منھ اترے ہوئے، آنکھیں وحشت ناک، بال بکھرے ہوئے، ہونٹ خشک، زبانیں تالو سے لگی ہوئی __ جیسے بکریوں کے گلّے نے بھیڑیے کی بُو سونگھ لی ہو۔

وہ میرے واقف تھے، فوٹوگرافی کے شوق کے باعث میں بھی جال بھائی کی دکان پر اکثر جایا کرتا تھا۔ مجھے گمان ہوا کہ شاید اپنا گروپ فوٹو کھنچوانے آئے ہیں۔ مگر اسٹوڈیو کی طرف متوجہ ہونے کے بجائے ان میں سے کوئی نہ کوئی ذرا ذرا دیر بعد دروازے میں سے باہر منھ نکال کر سڑک پر دونوں سمت نظر ڈالتا اور جلدی سے لوٹ آتا۔ یہ روش مجھے کچھ عجیب معلوم ہوئی۔ میں نے جال بھائی کے بیٹے سے پوچھا۔ اس نے بتایا کہ ان بیچاروں نے پاس کی دکانوں میں چند مینڈموں کو چڑھتے دیکھ لیا ہے جن سے ڈر کر یہاں آ چھپے ہیں۔

میں نے آگے بڑھ کر بڑے وڈیرے سے پوچھا: "فوٹو کھنچوانے میں اتنی دیر کیوں لگا رہے ہیں؟"

بولے: "فوٹو جائے جہنم میں، ہماری جان پر بنی ہوئی ہے۔"

میں نے کہا: "خیر تو ہے؟"

کہنے لگے: "خیر کہاں؟ بازار آئے تھے، چمڑے کے صندوق، بیگ اور بستر بند خریدنے تھے۔ اچانک دیکھا کہ مینڈ میں چلی آ رہی ہیں۔ ان کے ڈر سے اس دکان میں آ کر پناہ لی ہے۔ یہ مینڈ میں رخصت ہوں تو ہم یہاں سے نکلیں۔"

"مگر میڈموں سے آپ کو کیا ڈر ہے؟ وہ آپ کو کیا کہیں گی؟"

"شاہ صاحب، خبر نہیں کس جورپی (یورپی) ہفیسر (آفیسر) کے گھر کی عورتیں ہیں۔ سنا ہے کمشنر، کلٹر، کمانی اور دوسرے بڑے ہفیسروں کے بنگلے پاس کے علاقے میں ہیں۔ اگر ہمارا یوں ٹولی بنا کر گھومنا کسی مینڈم صاحب کو نہ بھایا تو ہمیں بندھوا کر زیل (جیل) بھجوا سکتی ہیں۔ کراچی گھومنے کے شوق میں خواہ مخواہ قید کاٹنی پڑے، اس لیے شیروں اور بھیڑیوں سے دور رہنا ہی بھلا۔"

یہ بات مئی ۱۹۲۴ کی ہے۔ مہینے بھر بعد نئے خطابوں کا اعلان ہوا۔ اس وڈیرے کو "خان بہادر" کا خطاب ملا۔

لکھنے والے بڑے لوگوں کی بابت لکھتے ہیں۔ ان کے افعال کیسے بھی ہوں، دنیا کو سکھ دیا ہو یا اس پر تباہی لائے ہوں، محض بڑا آدمی ہونا شرط ہے، آدمیت میں نہ سہی، مال و زر میں سہی! چھوٹے لوگوں، نچلے طبقے کے غریبوں کو کوئی یاد نہیں کرتا، جیسے ان کی زندگی رائیگاں ہی گزری ہو۔ حالاں کہ اس دنیا کا چرخہ غریبوں اور محنت کشوں کے پسینے ہی سے چل رہا ہے۔

بوستان خاں معمولی پٹّے والا تھا، مگر "کمشنر صاحب بہادر مالکِ ممالکِ سندھ" کا پٹے والا تھا، چناں چہ اسے "چوبدار" کہا جاتا تھا۔ ہزارے کی طرف کا رہنے والا تھا۔ ساڑھے چھ فٹ قد، گول چہرہ، گورا رنگ، موزوں بدن، بازو کھول کر چلتا جیسے پرندہ اڑنے کو پر تولتا ہو۔

کراچی کے اُن دنوں کے گورنمنٹ ہاؤس میں کمشنر صاحب کے دروازے پر غالیچہ بچھائے بیٹھا ہوتا تھا۔ ملاقاتیوں کا استقبال کرنا اور رپورٹ کر کے انھیں کمشنر کے سامنے پیش کرنا اس کے فرائض میں داخل تھا۔ عام طور پر دیکھا جاتا تھا کہ افسروں کے اکثر پٹے والے بدتمیز ہوتے تھے، منہ بنائے بیٹھے رہتے، ملاقاتی سلام کرتے تو بیٹھے بیٹھے سر ہلا دیتے۔ صاحب کو رپورٹ کرنے کو کہا جاتا تو یوں لگتا جیسے کسی نے تھپڑ مار دیا ہو۔ بہت ستانے اور سہانے کے بعد ہی ملاقاتی کے نام کا پُرزہ اندر لے جاتے۔ ملاقات ہو جانے کے بعد البتّہ ان کا مزاج یک دم بدل جاتا تھا۔ ملاقاتی سے بخشش لینے کے لیے بھوکے گلر کی طرح باہر تک اس کا پیچھا کرتے۔ جب تک دو تین روپے نہ مل جاتے، تب تک کھیسیں نکالتے اور ملاقاتی کے گھربار، کتّوں اور مرغیوں کی خیر عافیت پوچھا کرتے۔

بوستان خاں ہر لحاظ سے ان پٹے والوں سے مختلف تھا۔ ملاقاتیوں پر گورنمنٹ ہاؤس میں پیر رکھتے ہی رعب چھا جاتا تھا مگر دور ہی سے برآمدے میں بیٹھے بوستان خاں کا مسکراتا چہرہ دیکھ کر ان کی جان میں جان آتی۔ چھوٹا آدمی ہو یا بڑا، بوستان خاں اسے فوراً آگے بڑھ کر مرحبا کہتا، دونوں ہاتھوں سے مصافحہ کرتا، خاندان کا حال احوال پوچھتا، نام کی پرچی لے کر جلد سے جلد صاحب سے ملوا کر انھیں گاڑی تک پہنچانے آتا۔ موقعے پر کوئی بخشش نہ لیتا، ملاقاتی اسے دعوت دیتا کہ فرصت کے وقت اس سے گھر آ کر ملے۔ نوکری کا وقت پورا ہونے پر جب فرصت ملتی اور مرضی ہوتی تو اس کے پاس چلا جاتا ورنہ

خیر۔ لیکن اگر اتفاقاً کسی کی دہلیز پار کرتا تو لوگ آنکھیں بچھا کر اس کا آدر کرتے۔ سچ یہ ہے کہ سندھ کے لوگ کمشنر سے بڑھ کر بوستان خاں کا احترام کرتے تھے۔ (سردی کے موسم میں جب کمشنر صاحب سندھ کے گشت پر نکلتے تو سندھ کے معززین بوستان خاں کے اعزاز میں الگ دعوتوں کا انتظام کرتے۔) محبّت کا جواب محبّت سے دیتے۔ کمشنر کا معاملہ زور زبردستی کا تھا، بوستان سے دل کا رشتہ تھا۔ تھا تو معمولی پٹے والا ہی، مگر آدمیت مقام اور مکان کی محتاج نہیں ہوتی۔

سندھ بمبئی سے الگ ہوا تو بوستان بھی پنشن لے کر غائب ہو گیا۔ بوستان خاں کو رخصت کرتے ہوئے مناسب ہے کہ پرانے گورنمنٹ ہاؤس پر بھی آخری نگاہ ڈال لی جائے۔

یہ گورنمنٹ ہاؤس سر چارلس نیپیئر کے زمانے میں بنا اور بمبئی سے سندھ کی علیحدگی کے وقت تک قائم رہا۔ سادہ عمارت تھی۔ بیچ کے کمروں کے اوپر فقط تین کمرے بنے ہوئے تھے، ورنہ پوری عمارت یک منزلہ، پانچ چھ فٹ اونچے چبوترے پر بنی ہوئی تھی۔ کمرے بڑے بڑے، چھتیں اونچی، فرش ٹائلوں والا۔ ملاقاتیوں کے بیٹھنے کے لیے برآمدہ تھا، تین طرف سے کھلا ہوا، بہت ہوادار، بیٹھے بیٹھے نیند آجایا کرتی۔ اس برآمدے کے بعد کمرے تھے۔ پہلے (انگریز) اسسٹنٹ کمشنر کا کمرہ، اس سے آگے کمشنر کے دفتر کا بڑا کمرہ، اس کے بعد گھر کے کمرے۔ سامنے میدان میں پھول دار پودے۔ برآمدے میں بیٹھ کر کیاماڑی دکھائی دیتا تھا۔ بیچ میں کوئی اونچی عمارت نہ تھی۔ کل تین چار افراد گورنمنٹ ہاؤس میں بیٹھے نظر آتے۔ کمشنر خود، اسسٹنٹ کمشنر، اور دو تین پٹّے والے ___ سکون چھایا رہتا۔ اطمینان سے تمام کاروبار چلا کرتا۔ بالکل محسوس نہ ہوتا کہ پورے سندھ پر اس پُر سکون مختصر سے بنگلے سے راج کیا جاتا ہے۔ نہ افسروں کی ریل پیل، نہ دروازے کھلنے بند

ہونے کی آوازیں، نہ لوگوں کا ہجوم، نہ باتیں نہ کونوں کھدروں میں بیٹھ کر لوگوں یا ملک کو ڈھانے اور اٹھانے کی سازشیں۔ ماحول سادہ، صاف، پُرسکون، مگر رعب دار۔ برآمدے میں کٹھرے سے لگی سفید بید کی بنی ہوئی کرسیاں اور بنچیں رکھی ہوتیں۔ سامنے ایک بڑی میز پر لکھنے پڑھنے کا سامان اور ملاقاتیوں کی کتاب رکھی ہوتی۔ اس زمانے میں فاؤنٹین پین ابھی عام نہیں ہوے تھے، لوگ روشنائی کی دوات میں قلم ڈبو کر ملاقاتیوں کی کتاب میں اپنے نام لکھتے۔ دوات چینی کی بنی ہوتی جس پر گلابی رنگ کے پھول ہوتے۔ ایسی خوب صورت دوات میں نے پھر کبھی نہ دیکھی۔ پیرس، روم اور لندن میں بھی ڈھونڈی مگر کہیں نہ ملی۔

بڑے بڑے انگریز کمشنر اس گورنمنٹ ہاؤس میں رہ چکے تھے جس نے اسّی برس تک سندھ کی تاریخ رقم کی۔ سر بارٹل فریئر ۱۸۵۱ سے ۱۸۵۹ تک کمشنر رہے۔ ان کے دنوں میں انگریزوں کے زمانے کے سندھ کی تعمیر ہوئی، پل، سڑکیں، ریل، تار، ڈاک، اسپتال، اسکول، کالج، تھانے، ضلعوں اور تعلّقوں میں سرکاری عمارتیں، سروے، لا اینڈ آرڈر وغیرہ اُن کے زمانے کی نشانیاں ہیں جن میں سے کئی اب تک ڈھے نہ سکیں (مثلاً صدر کا فریئر ہال)۔ انسانوں کے ہمدرد تھے۔ لیاری میں رہنے والے ایک مسکین میر بحر (ملّاح) سے کہیں ان کی واقفیت ہو گئی تھی جس نے آگے چل کر دوستی کا رنگ اختیار کر لیا۔ اس غریب کو نہ صرف برسوں اپنی جیب سے گزر اوقات کے لیے پیسے دیتے رہے، بلکہ اگر وہ یا اس کے گھر کا کوئی فرد بیمار ہو جاتا تو مزاج پُرسی کے لیے کمشنر صاحب خود اکیلے اس کی جھونپڑی میں جایا کرتے۔ انھوں نے اپنی ہم دردی، عدل، انصاف اور حسنِ انتظام کے ذریعے سندھ میں انگریزی راج کے قدم پختہ کر دیے۔ سندھ اور سندھ کے ادب سے گہرا لگاؤ تھا، اپنی بیٹی کے مطالعے کے لیے شاہ عبداللطیف کی سوانح عمری سندھی

میں لکھوا کر اس کا انگریزی میں ترجمہ کرایا۔

دوسرے مشہور کمشنر سر ایونس جیمز تھے۔ سندھ کی تاریخ اور ادب سے بڑی واقفیت رکھتے تھے۔ انتظام اور انصاف کے معاملے میں ہاری اور جاگیر دار میں کوئی فرق روا نہ رکھتے۔ کسی آبرو والے کی پگ خواہ مخواہ نہ اترواتے مگر کسی وڈیرے یا پیر کو من مانی کرنے کی جرأت نہ ہوتی۔ اسی طرح کمشنر لیوکس نے بھی بڑی شہرت پائی، سندھ میں حد درجہ امن و امان قائم کیا اور اپنی دھاک بٹھائی۔

نامور کمشنروں میں سے آخری سر ہنری لارنس تھے جنھوں نے نئ اٹھنے والی تحریکوں (کانگریس، خلافت، ہجرت وغیرہ) سے متاثر ہو کر کوشش کی کہ سندھ کے مسلمانوں کو سرکاری نوکریوں میں کھپا کر انھیں آزادی کی تحریکوں سے الگ رکھیں۔ اس کوشش میں انھیں کسی حد تک کامیابی بھی ہوئی، مگر اس دوران سیاسی بیداری میں اضافہ ہوتا رہا جس کا جواب انھوں نے سختی سے دینا چاہا۔ یہ وہ زمانہ تھا کہ سندھ کے عمومی مسئلوں کے متعلّق سندھ کے بزرگ، ہندو اور مسلمان، مل جل کر قدم اٹھاتے تھے۔ چناں چہ سندھ کے دو ممتاز نمائندے، رئیس غلام محمد بھرگڑی اور سیٹھ ہرچند رائے وِشنداس، کمشنر لارنس کی کارروائیوں کے خلاف شکایت بمبئ کے گورنر کے پاس لے گئے۔ انھیں سندھ سے چوری چھپے نکلنا پڑا کیوں کہ لارنس نے ان کی گرفتاری کے احکام جاری کر دیے تھے۔ بمبئ کے گورنر نے ان کی شکایت پر کان نہ دھرے تو وہاں سے ناامید ہو کر دونوں بمبئ ہی سے جہاز میں سوار ہو کر لندن پہنچے۔ وہاں انھوں نے سیکرٹری ہند سے ملاقات کی اور وہاں سے حکم جاری کرایا کہ لارنس کو، جو ان دنوں مختصر رخصت پر لندن میں تھے، ہندوستان لوٹنے پر سندھ کا کمشنر کے عہدے پر نہ رکھا جائے۔ لیڈی لارنس نے Indian Embers نامی کتاب میں یہ پورا قصہ بیان کیا ہے اور اس کے علاوہ سندھ کے بارے میں

بہت سے دل چسپ حالات لکھے ہیں۔

لارنس کے بعد سندھ کی کمشنری پر معمولی قسم کے انگریز آنے لگے، کوئی ہٹیلا، کوئی مسخرہ، کوئی کام چور، کوئی چوروں کے اوپر مور۔ دنیا کا دستور ہے کہ رعیت سرکاری اہلکار کا چہرہ دیکھ کر سرکار کے بارے میں رائے قائم کرتی ہے۔ سندھ کے آخری کمشنروں کے چہرے دیکھ کر سندھ کے سست باشندوں بھی یہ رائے ہو گئی کہ سندھ کو بمبئی سے جدا کرا کے کمشنری راج سے جان چھڑائی جائے، اور ہوا بھی یہی۔ مجھے یقین ہے کہ اگر ٹامس جیسے بد خو اور گبسن جیسے ہلکی طبیعت کے لوگ کمشنر ہو کر نہ آتے تو شاید سندھ کی علیحدگی کی تحریک اتنا زور نہ پکڑ پاتی۔

سندھ علیحدہ ہوا۔ کمشنر اِن سندھ، مالک ممالک سندھ، کا انجام بخیر ہوا۔ پرانا تاریخی گورنمنٹ ہاؤس بھی ڈھے گیا۔ اس کی جگہ پر قافلہ سرائے کے نمونے پر گورنر ہاؤس کے نام سے ایک نئی گزر گاہ تعمیر ہوئی جس میں اب تک پندرہ مسافر ستا کر رخصت ہو چکے ہیں۔

سندھ ۱۹۳۷ میں بمبئی سے الگ ہو کر صوبہ بنا۔ ۱۹۳۷ سے ۱۹۴۷ تک اس کی نئی قومی زندگی کی بنیادیں پڑیں، مگر غلط اصولوں پر، جنھوں نے غلط قدروں کو جنم دیا اور آخر خود صوبے ہی کو پامال کر دیا۔

الگ ہونے کے بعد سندھ کے وڈیرا صاحبان اور پیر صاحبان، اپنی دولت، حاکمانہ اثر اور پیری مریدی کے زور پر، سندھ کی سیاسی زندگی پر فوراً چھا گئے۔ انھوں نے نہ کوئی مستقل سیاسی پارٹی بننے دی نہ سیاست کا مدار کسی قسم کے مفید اخلاقی اصولوں پر رکھنے کی اجازت دی۔

جن "اصولوں" پر الگ ہونے کے بعد سندھ کا کاروبار چلنے لگا، وہ مختصراً یہ ہیں:

(۱) وزیر ہر حال میں بننا ہے، اور وزیر بننے کے بعد ہر حال میں بطور وزیر قائم رہنا ہے، خواہ اس مقصد کے حصول کے لیے کتنی ہی پارٹیاں کیوں نہ بدلنی پڑیں اور اپنے وعدوں، قولوں اور اصولوں سے کتنی ہی بار کیوں نہ پھِرنا پڑے۔

(۲) جتنے عرصے وزیر رہو، محض خود کو نوازنے اور مضبوط کرنے میں مصروف رہو۔

(۳) سندھ کے عوام کی بھلائی کا کوئی سوال ہی نہ تھا کیوں کہ جس شے کو سیاسی اصطلاح میں "عوام" کہا جاتا ہے، اس شے کے وجود ہی کو تسلیم نہ کیا جاتا تھا۔ ان کے خیال میں سندھ کے لوگ تین حصوں میں منقسم تھے: (الف) پیر اور وڈیرے، جن کا پیدائشی حق تھا وزارت اور حکومت کرنا، (ب) سرکاری اہلکار، جن کا ورثہ تھا مسلمانوں کے ٹکٹ پر نوکریاں حاصل کرنا، اور نوکریاں حاصل کرنے کے بعد ایک طرف مزید ترقی کی سعی کرنا اور دوسری طرف اپنے پیٹ کی خدمت کرنا، اور (ج) دیہات کے لاکھوں ننگے بھوکے گنوار، جن کے لیے یہی سعادت کافی تھی کہ ان کے سر پر وڈیروں اور پیروں کا سایہ دائم و قائم رہے۔

(۴) سیاسی پارٹی ہر گز نہ بننے دی جائے، کیوں کہ سیاسی پارٹی بنے گی تو اس کا رخ ہو گا عام لوگوں کی طرف، اور عام لوگوں نے سیاست میں حصّہ لینا شروع کر دیا تو وڈیروں کی اجارہ داری کا شیرازہ بکھر جائے گا۔ اس لیے ایسی زہریلی بُوٹی کو اُگنے ہی نہ دیا جائے۔

(۵) ان اصولوں پر قائم رہتے ہوئے، اور وقتی فائدہ حاصل کرنے کی غرض سے، وقتاً فوقتاً جو طاقت غلبہ حاصل کرے اُس کی پاٹھ پوجا شروع کرنے میں دیر نہ کی جائے، خواہ یہ طاقت ہندوؤں کی کانگریس ہو یا مسلم لیگ، یا کسی خاص شخص کی وقتی مرکزی

حیثیت۔ مطلب یہ کہ ہر موقعے کا فائدہ اٹھایا جائے اور جس چشمے میں سیاسی پانی کا کچھ ذخیرہ دکھائی دے اسی میں ہاتھ ڈال دیے جائیں۔

حقیقت یہ ہے کہ سندھ کا ہندو ۱۹۲۰ سے پہلے باقی برصغیر کے ہندوؤں سے بہت سی باتوں میں مختلف تھا۔ وہ صوفی منش تھا، مسلمان پیروں فقیروں کا معتقد تھا، فارسی میں اسلامی لٹریچر سے متاثر تھا، قرآن شریف کا اس قدر احترام کرتا کہ اس پر ہاتھ رکھ کر کبھی جھوٹ نہ بولتا۔ بعض ہندو تو باقاعدہ کلام مجید کی تلاوت بھی کیا کرتے۔ بیرانی کے ایک ہندو سیٹھ کے بارے میں کہا جاتا تھا کہ اسے تین ہزار صحیح حدیثیں یاد تھیں۔ جہاں ابھی اسکول نہ کھلے تھے وہاں ہندو بچے ملّاؤں کے مکتبوں میں (جو اکثر مسجدوں میں ہوتے تھے) تعلیم پاتے تھے۔ رات کو مسجدوں میں دیے ہندو عورتیں جلا کر رکھتیں۔ شاہ عبد اللطیف کے کلام پر سب سے اہم تحقیق ایک ہندو عالم ڈاکٹر گربخشانی نے کی تھی۔ بہت سے ایسے ہندو تھے جو کسی فرق کے بغیر مسلمانوں کی خدمت اور حاجت روائی کیا کرتے، بیوہ عورتوں کو گزر اوقات کے لیے مالی امداد اور یتیم مسلمان بچوں میں تعلیم کے لیے وظیفے تقسیم کیا کرتے۔ آنکھوں کے اسپتال شکارپور کے ہندو سیٹھ اپنے خرچ سے کھلواتے۔ سرکاری کالج کھلنے سے پہلے ہندو اپنے پرائیویٹ کالج قائم کر چکے تھے جن سے مسلمان بھی فائدہ اٹھاتے۔ تھرپارکر ضلع کے ہندو اپنی لڑکیاں مسلمان خاندانوں میں بیاہ دیتے۔ بینک قائم ہونے سے پہلے سندھ کے مسلمانوں کی تمام کمائی ہندو ساہوکاروں کے پاس امانت کے طور پر رکھی رہا کرتی۔ پوری تاریخ میں ایسی مثال نہیں ملتی کہ کسی ہندو ساہوکار نے مسلمانوں کی امانت میں خیانت کی ہو۔ سندھ کو بمبئی پریزیڈنسی کی ہندو اکثریت سے الگ کر کے الگ صوبہ بنانے کی تحریک سب سے پہلے سیٹھ ہرچند رائے

وشنداس نے شروع کی اور اُس زمانے کے دوسرے ہندو بزرگوں نے اس تحریک کی حمایت کی، ان میں سے کسی نے مخالفت میں دو لفظ بھی نہ کہے۔ عام رہن سہن کی حالت یہ تھی کہ ہندو بزرگ داڑھیاں رکھا کرتے، نیچے شلوار پہنتے اور سر پر بڑی پگڑی باندھتے۔ راگ ہندوؤں کی مذہبی زندگی کا ایک اہم جزو ہے، اور سندھ کے ہندوؤں کے راگ سو فیصد مسلمانی طرز کے ہوتے تھے۔ مسلمان بزرگوں کے کلام کے سوا کچھ نہ گاتے یا سنتے۔ سندھ کے ہندوؤں کی نصف سے زیادہ تعداد مسلمان صوفی بزرگوں کی درگاہوں کی مرید تھی۔ قلندر لعل شہباز پر جتنا اعتقاد مسلمانوں کو تھا اُتنا ہی ہندوؤں کو بھی تھا۔ درگاہ شریف کی بعض رسوم صرف ہندو بجالاتے تھے، مثلاً مہندی کی رسم۔ سندھی زبان کی بھی ہندوؤں نے بڑی خدمت کی۔ سندھی کے بہت سے چوٹی کے اہلِ قلم ہندو تھے۔ سندھ کے واحد آرٹس کالج میں فارسی کا پروفیسر ہندو تھا۔ سندھ کی قدیم تاریخ کی تحقیق پہلے پہل ہندوؤں نے شروع کی۔ سندھ کے ہندو سؤر کے گوشت کو چھوتے بھی نہ تھے، بکرے کا گوشت بھی جب تک مسلمانوں کا حلال کیا ہوا نہ ہو، نہیں لیتے تھے۔ ان کے جذبات کا احترام کرتے ہوئے سندھ میں کھلے عام گاؤکشی کبھی نہ ہوتی تھی۔ اونچے طبقے کے مسلمان تو ساری عمر بڑے گوشت کے پاس تک نہ پھٹکتے۔ شادی یا غمی میں ہندو اور مسلمان ایک دوسرے سے اس قدر قریب ہوتے جیسے ایک ہی قوم کے افراد، بلکہ آپس میں عزیز ہوں۔ مسلمانوں کی بڑی زمینداریوں، جاگیروں کو گھریلو آمدنی اور خرچ کا انتظام ہندو کارداروں اور منیموں کے سپرد ہوتا تھا۔ وہ دیہی زندگی کا مرکز تھے۔ بعض بڑے مسلمان گھرانوں میں تو عمر رسیدہ عورتیں اپنے ہندو کارکنوں سے پردہ بھی نہ کرتیں حالاں کہ عام طور پر وہ پردے کی سخت پابند ہوتیں۔ دیہی زندگی میں کوئی بھی اہم فیصلہ اس وقت تک نہ ہوتا جب تک گاؤں کا مکھی بیچ میں بیٹھ کر دو معزز افراد کی بات نہ سن لیتا۔

غرض سندھ کی سماجی زندگی باقی برصغیر کی سماجی زندگی سے بالکل مختلف تھی اور اس کا نتیجہ یہ تھا کہ یہاں ایک مشترک اور متوازن متحدہ کلچر یا معاشرہ اُبھر رہا تھا جس میں باہمی مذہبی اور معاشرتی تضادات سے زیادہ تصورات، معتقدات اور اقدار کا پہلو نمایاں تھا۔ ان حالات کو سامنے رکھتے ہوے، سوال پیدا ہوتا ہے کہ سندھ کے ہندوؤں اور مسلمانوں کے درمیان یہ نفاق کیوں پیدا ہوا اور کب پیدا ہونا شروع ہوا۔

جواب آسان ہے۔

۱۹۲۰ میں آئینی اصلاحات نافذ ہوئیں اور تب سے ملک کی سیاست نے ایک نیا رخ اختیار کیا۔ اسمبلیوں، میونسپلٹیوں، لوکل بورڈوں اور اسکول بورڈوں کی رکنیت کھلی اور جداگانہ انتخابات کا طریقہ رائج ہوا، ہندو ہندوؤں کو چنتے اور مسلمان مسلمانوں کو۔ ہر چلتے پھرتے آدمی میں اقتدار کی بُو پر نئی ہوئیں اور امنگیں پیدا ہوئیں جنھوں نے کشمکش کا روپ لے لیا۔ مثلاً مسئلہ پیدا ہوا کہ ایک امیدوار کیوں کر خود کو دوسرے امیدوار کے مقابلے میں اپنی قوم میں مقبول بناکر الیکشن جیتے اور اپنی ہوس کی تسکین کرے۔ سندھ میں نہ کوئی مستقل سیاسی پارٹی تھی نہ کوئی اقتصادی پروگرام جس کی بنیاد پر امیدوار ووٹروں سے اپیل کرکے ان سے فیصلہ حاصل کرتے۔ لوگوں کا ذاتی اثر ورسوخ بھی زیادہ دور تک نہ جاتا تھا، بہت سے ایسے شہری ہندو امیدوار میدان میں آگئے تھے جنھیں دیہات میں کوئی پہچانتا بھی نہ تھا، اور ووٹ بیشتر دیہات میں تھے۔ اس لیے انھیں ضرورت محسوس ہوئی کہ ملک میں کوئی ایسا ہنگامہ مچایا جائے اور مسئلہ کھڑا کیا جائے جس کی بنیاد پر سیاست کے میدان میں اترنے والے شوریدہ سر نئے ہندو آسانی سے ووٹ حاصل کرنے کے حقدار بن جائیں۔ بدقسمتی سے ۱۹۲۰ کی اصلاحات کے بعد باقی ہندوستان کے ہندوؤں کو بھی اسی قسم کی ضرورت محسوس ہونے لگی تھی جس کے باعث

انھوں نے تین چار تحریکیں یکدم شروع کر دی تھیں: شُدھی اور سنگھٹن، آریہ سماج اور ہندو مہاسبھا۔ ان سب کی سرتاج وہی پرانی کانگریس تھی جو بظاہر تو ہندوؤں اور مسلمانوں کی متحدہ پارٹی ہونے کا دعویٰ کرتی تھی مگر حقیقت میں اس کا مقصد بھی (اگرچہ ذرا بالواسطہ طور پر) ہندوؤں کی بالا دستی قائم کرنے کا تھا۔ چالاکی یہ تھی کہ جو ہندو ابھی پرانے حجاب کا پردہ اتار کر کٹر ہندو جماعتوں میں شامل ہونے کو تیار نہ تھے، انھیں اس درمیانے پلیٹ فارم پر جمع کر کے اور اپنے ساتھ ملا کر آگے بڑھا جائے۔ سندھ کے ہندوؤں کا وہ گروپ جو ۱۹۲۰ کی اصلاحات کے بعد نئے سرے سے سیاست پر قبضہ کرنا چاہتا تھا، ہندوستان کی ان تحریکوں میں سے ایک نہ ایک میں شامل ہو گیا۔ یہ سب پڑھے لکھے لوگ تھے، دنیا کی مختلف تحریکوں کی تاریخ پڑھ چکے تھے۔ انھیں نظر آیا کہ کسی تحریک کو لوگوں میں تیزی سے پھیلانے کے لیے ضروری ہے کہ کسی فریق سے دشمنی پیدا کی جائے جن کے بھوت سے اپنے لوگوں کو ڈرا کر، اور نفرت کی بنیاد پر انھیں منظم کر کے، مقابلے کے میدان میں اتارا جائے اور ان کی رہنمائی اپنے ہاتھ میں لے لی جائے۔

چناں چہ سندھی ہندو گروپ نے اس نسخے پر عمل کرتے ہوئے بھوت کے طور پر مسلمانوں کو پیش کیا اور ہندوؤں میں ان کے خلاف نفرت کے بیج بونے شروع کیے۔ اس خرابی کے مرکز پہلے لاڑکانہ اور سکھر بنے، جہاں سے پیش قدمی شروع ہوئی اور اس کی تائید کراچی، حیدرآباد اور میرپور خاص سے نکلنے والے ہندو اخبارات کرنے لگے اور باقی سندھ کے ہندوؤں میں زہر پھیلانے لگے۔

لازم تھا کہ ہندوؤں کی سیاست کا یہ نیا رخ دیکھ کر مسلمانوں کے بھی کان کھڑے ہوں۔ اُن میں بھی یہ احساس پیدا ہونے لگا کہ ہندوؤں کے اس ایجی ٹیشن کے نتیجے میں ان کے حقوق پر حملہ ہو گا، مثلاً انھیں سرکاری نوکریوں میں پورا حصّہ نہ ملے گا اور

اقتصادی اور معاشی نظام میں ایسی تبدیلیاں کرائی جائیں گی کہ سندھ کی تجارت تو پہلے ہی تمام کی تمام ہندوؤں کے ہاتھ میں ہے، اب مسلمانوں کی زمینیں بھی ہندو سود خوروں کے قبضے میں چلی جائیں گی۔ (اعداد و شمار پر نظر ڈالنے سے اندازہ ہو گا کہ مسلمانوں کی چالیس فیصد زمینیں پہلے ہی ہندوؤں کے قبضے میں جا چکی تھیں، اور اس کے علاوہ بیس سے چالیس فیصد تک ان کے پاس گروی رکھی تھیں اور سندھ کے زرعی پیشے سے منسلک مسلمانوں کو یہ قانونی بچاؤ بھی حاصل نہ تھا جو پنجاب کے زراعت پیشہ لوگوں کو پہلے ہی حاصل ہو چکے تھے۔) اس سے بھی زیادہ تکلیف دہ بات یہ تھی کہ دیکھتے ہی دیکھتے ہندوؤں میں بہت غرور پیدا ہو گیا تھا اور وہ مسلمانوں کو وحشی اور ذلیل سمجھنے لگے تھے۔ عام طور پر ہندوؤں نے خود کو باقی سندھ کے معاشرے سے کاٹ کر ایک علیحدہ اور نسبتاً اعلیٰ و ارفع سوسائٹی کے طور پر رہنا اور آگے بڑھنا شروع کر دیا تھا اور اس نئے رجحان نے سندھ کے بہترین روادار مسلمانوں کو بھی سخت دکھ پہنچایا۔ اس خرابی میں اگر اب بھی کچھ کسر رہ گئی تھی تو اسے ہندو اخباروں، ہندو سرکاری اہلکاروں اور ہندو لکھنے والوں نے پورا کیا۔

میں تسلیم کرتا ہوں کہ یہ تمام کارروائی ہندوؤں کی نئی ہوسناک سیاسی پود کی تھی اور اس میں پرانی معاشرت کے ہندو بزرگوں کا کچھ قصور نہ تھا، مگر یہ بھی حقیقت ہے کہ یہ بزرگ نیا زمانہ دیکھ کر سامنے سے ہٹ گئے اور پورا میدان ان ناتجربہ کار، کوتاہ اندیش، فسادی اور کٹر فرقہ پرست لوگوں کے حوالے کر کے خود عملی سیاست سے کنارہ کش ہو گئے۔ وہ ان نئے لوگوں کا مقابلہ نہ کر سکے اور سندھ کو، اپنے خاندانوں کو، بلکہ اپنی پوری برادری کو مصیبت میں ڈال دیا۔

ہندو مسلم فسادات کی ابتدا لاڑکانے سے ہوئی، مارچ ۱۹۲۷ کی ۲۹ تاریخ کو، اور ایک مسلمان عورت کے معاملے پر۔ یہ کریماں نام کی عورت دیہات کے ایک مسلمان کی بیوی

تھی جس کے اس سے چار بچے بھی تھے۔ کریماں ایک ہندو کے ساتھ بدراہ ہو کر لاڑکانہ بھاگ گئی اور بچوں سمیت ہندو آریہ سماجیوں کے ہاتھ پر (جنھوں نے شُدھی کی تحریک شروع کر رکھی تھی) مرتد ہو گئی، یعنی بچوں سمیت ہندو دھرم میں داخل ہو گئی۔ شہر کے مسلمانوں نے بچوں کو اپنی تحویل میں لینے کے لیے کورٹ سے رجوع کیا لیکن ان کی شنوائی نہ ہوئی۔ ہندوؤں نے اس بیچ کریماں اور اس کے بچوں کو اپنے پاس چھپالیا تھا۔ اثر و رسوخ رکھنے والے لوگوں سے مل کر مایوس لوٹتے ہوئے وفد کے کچھ مسلمان لڑکوں نے ہندوؤں کے چند سگریٹ کے کھوکھوں کو لوٹ لیا اور ہندو لڑکوں کو پتھر مارے۔ اس کے بعد شہر میں مزید چار پانچ ہندو دکانیں اس فساد سے متاثر ہوئیں۔ مگر یہ بات یاد رکھنے کی ہے کہ مذہبی معاملے پر اشتعال پیدا ہونے کے باوجود ہندوؤں کا کوئی جانی نقصان نہ ہوا، نہ کوئی ہندو مارا گیا اور نہ شدید زخمی ہوا۔ ہندوؤں نے اس مختصر اور وقتی حادثے کا فائدہ اٹھا کر مسلمانوں کو پست کرنے کے لیے زوردار مہم چلائی۔ ان پر جھوٹے مقدمے بنائے گئے اور ۸۰ سے زیادہ مسلمان جیل میں ڈال دیے گئے۔ لاڑکانے کے نمایاں مسلمان قومی کارکنوں کو خاص طور پر نشانہ بنایا گیا۔ خود خان بہادر محمد ایوب خاں کھوڑو کو، جو اس وقت بمبئی کاؤنسل میں مسلمانوں کے منتخب نمائندے تھے، جھوٹے کیس میں پھنسانے کی کوشش کی گئی جبکہ ان کا قصور صرف اتنا تھا کہ وہ مسلمانوں کے ہمدرد تھے اور نئے نئے سیاست میں اُبھر رہے تھے۔ مسلمان ان جھوٹے مقدموں سے بری تو ہو گئے مگر جس مسلمان عورت اور اس کے بچوں کے مرتد ہونے سے یہ قضیہ شروع ہوا تھا وہ ہندوؤں ہی کے قبضے میں رہے۔

جو بھی مسلمان رہنما ہندوؤں کو چلتا پھرتا دکھائی دیا، اُس پر انھوں نے ایک عدد فوجداری مقدمہ داخل کر دیا۔ مقصد یہ نہ تھا کہ انصاف ہو یا جن مسلمانوں نے واقعی جرم

کیے ہیں اُنھیں سزا ملے، حقیقی مطلب یہ تھا کہ لاڑکانے کے مسلمان قومی ورکروں کو موقعے کا فائدہ اٹھا کر فوجداری مقدموں کے ذریعے اس قدر بے حال کر دیا جائے کہ ان میں کسی کو پھر ہندوؤں کے مقابلے میں کسی بھی سلسلے میں آواز اٹھانے کی جرأت نہ ہو اور لاڑکانے شہر پر عملاً ہندوؤں کا راج قائم ہو جائے۔ اس طرح انھوں نے ایک ایسے چین ری ایکشن (chain reaction) کی بنیاد ڈال دی جس نے آگے چل کر نہ صرف ہندوؤں کو سندھ بدر کر دیا بلکہ سندھ کی قسمت بھی طوفانی لہروں کی زد میں آگئی۔

لاڑکانے کے فساد کے بعد فسادات کا سلسلہ ہندوؤں نے روہڑی ڈویژن اور سکھر شہر میں شروع کر دیا۔ یہ فسادات لاڑکانے کے مقدمات ختم ہونے کے تھوڑے وقفے بعد شروع ہوئے اور ۱۹۳۱ تک جاری رہے۔ ان فسادات کے سلسلے میں ہندوؤں نے مسلمانوں کے خلاف جو مقدمات قائم کیے وہ دو تین برس چلتے رہے اور مسلمان پامال ہوتے رہے۔ اس مصیبت سے جان چھڑانے کے لیے مسلمانوں نے سندھ کو بمبئی سے الگ کرا لیا۔ (سندھ کی علیحدگی کی سندھ کے ہندوؤں نے سخت مخالفت کی کیوں کہ بمبئی پریزیڈنسی میں ہندوؤں کی اکثریت تھی۔) ۱۹۳۶ میں سندھ الگ ہوا مگر ہندوؤں نے اس کا ثمر مسلمانوں کو پہنچنے نہ دیا۔ جیسا کہ اللہ بخش وزارت کے سلسلے میں دیکھنے میں آیا، وہ مسلمان اراکینِ اسمبلی اور امیدوارانِ وزارت کو آپس میں لڑا کر ایک نہ ایک فریق کو اپنے اثر میں رکھتے تھے۔

۱۹۳۹ میں سکھر کی مسجد منزل گاہ کے سلسلے میں فسادات ہوئے جو اسی عمومی ہندو مسلم کشمکش کے سلسلے کی ایک کڑی تھے۔

اس چین ری ایکشن کی مختلف کڑیاں جو وقت گزرنے کے ساتھ ساتھ الگ الگ صورتوں میں ظاہر ہوتی رہیں، ملاحظے اور غور کے قابل ہیں:

(۱) لاڑکانے کے فسادات اور مقدموں کے بعد پورے سندھ میں ہندوؤں اور مسلمانوں کے مابین تلخی بڑھتی گئی۔

(۲) طرفین کے اخباروں نے اس تلخی کو بڑھانے کی کوشش کی۔

(۳) سندھ کے دوسرے مقامات پر بھی اسی طرح کے فسادات ہونے لگے۔

(۴) مسلمانوں کو خوف ہونے لگا کہ ہندو انھیں برباد کر کے پورے سندھ پر اپنا سیاسی اور اقتصادی قبضہ قائم کرنا چاہتے ہیں۔

(۵) مسلمانوں نے یہ بھی دیکھا کہ سندھ کے بمبئی پریزیڈنسی سے وابستہ ہونے کے سبب، پریزیڈنسی کی ہندو اکثریت کا فائدہ سندھ کے ہندو بھی اٹھا رہے ہیں، اور اس وابستگی کے باعث، اگرچہ سندھ میں مسلمان اکثریت میں ہیں، مگر عملی طور پر انھیں اکثریت کا کوئی فائدہ نہیں پہنچ رہا۔

(۶) اس وجہ سے مسلمانوں کی جانب سے سندھ کو بمبئی سے الگ کرنے کی تحریک شروع کی گئی جس کی ہندوؤں نے شدّت سے مخالفت کی، اور جس تناسب سے انھوں نے سندھ کی علیحدگی کی مخالفت کی اُسی تناسب سے مسلمانوں کو یقین ہوتا گیا کہ بمبئی سے تعلّق خود اُن کے حق میں واقعی نقصان دہ ہے اور ان کی نجات کا راز اسی میں مضمر ہے کہ سندھ کو بمبئی سے الگ کر کے صوبہ بنایا جائے۔ اس تحریک کی رہنمائی خان بہادر محمد ایوب کھوڑو نے کی۔

(۷) آگے چل کر سندھ آخر بمبئی سے الگ ہوا۔

(۸) سندھ کے علیحدہ ہونے کے بعد ہندوؤں کی طرف سے یہی کوشش جاری رہی کہ مسلمان اکثریت کو اس علیحدگی کا فائدہ اٹھانے سے روکا جائے۔

(۹) اس مقصد سے ہندوؤں نے، اسمبلی میں مسلمان اکثریت کو توڑنے کی خاطر، متحد ہو کر یہ کوشش شروع کر دی کہ مسلمان گروپوں کو کبھی آپس میں مل کر کام کرنے کا موقع نہ دیا جائے اور ان میں سے ہمیشہ کسی ایسے گروپ کو اقتدار میں رکھا جائے جس کا انحصار زیادہ تر مسلمان ووٹوں پر نہیں بلکہ ہندوؤں کے ووٹوں پر ہو۔

(۱۰) ۱۹۳۷ میں "الگ یا آزاد سندھ" کے پہلے انتخابات ہوے۔ کامیاب مسلمان ممبروں کی اکثریت اگرچہ یونائیٹڈ پارٹی میں تھی اور سر غلام حسین کی مسلم پارٹی کو فقط چھ ممبروں کی پشت پناہی حاصل تھی، مگر اس کے باوجود جب گورنر سر لانسلاٹ گراہم نے وزارتِ عظمیٰ پر سر غلام حسین کو مقرر کیا تو ہندوؤں نے اسی چھ ممبروں والے گروپ کی حمایت کی۔ مقصد یہ تھا کہ چوں کہ سر غلام حسین کو مسلمان ممبروں کی اکثریت کی حمایت حاصل نہیں ہے، اس لیے انھیں بطور وزیرِ اعظم ہر وقت ہندوؤں کا محتاج رہنا پڑے گا۔

(۱۱) اگلے سال، یعنی ۱۹۳۸ میں، ہندو سر غلام حسین سے بھی ناراض ہو گئے، اس لیے انھوں نے ان کی حکومت کو ڈھا کر خان بہادر اللہ بخش کی وزارت قائم کرائی۔ کچھ مہینوں بعد خان بہادر اللہ بخش اور ان کے مسلمان حمایتیوں کے درمیان آبیانے کے معاملے پر اختلاف پیدا ہو گیا اور مسلمان ممبروں کی اکثریت ان سے الگ ہو گئی۔

(۱۲) مسلمان ممبروں کی اکثریت نے الگ ہونے کے بعد ہندوؤں سے تقاضا کیا کہ چوں کہ اللہ بخش وزارت قائم کرتے وقت ان کا (یعنی ہندوؤں کا) معاہدہ ذاتی طور پر اللہ بخش سے نہیں بلکہ پوری پارٹی سے تھا اور یہ پارٹی اللہ بخش کی حمایت سے دست کش ہو گئی ہے، اس لیے ہندو ممبروں کو بھی اکثریتی پارٹی سے اپنا تعلّق بر قرار رکھتے ہوے اللہ بخش کا ساتھ چھوڑ دینا چاہیے۔ مگر ہندوؤں نے ایسا کرنے سے انکار کر دیا۔ انھوں نے اللہ بخش

کو اقلّیت، کمزوری اور محتاجی کی حالت میں دیکھ کر انھیں فوراً اپنی سرپرستی میں لے لیا اور ان سے کچھ ایسے کام کرائے جن کے باعث مسلمانوں کو پہلے سے بھی بڑھ کر یقین ہو گیا کہ ہندوؤں کی نیت محض یہ ہے کہ سندھ پر ہمیشہ ایسی وزارت کو قائم رکھا جائے جس کی زندگی کا دارومدار ان کے ووٹوں پر ہو۔

(۱۳) اس اسٹیج پر تمام ہندو ممبر، کانگریسی اور غیر کانگریسی دونوں قسم کے، مل کر ایک ہو گئے اور پورے زور شور سے اللہ بخش کی پشت پناہی اور حوصلہ افزائی کرنے لگے۔ آل انڈیا کانگریس سے اپیلیں کی جانے لگیں، سردار پٹیل، مولانا ابوالکلام آزاد اور آچاریہ کرپالانی دہلی سے کراچی پہنچے۔ انھوں نے طرفین کا نقطۂ نظر سنا مگر فیصلہ وہی قائم رہا کہ مسلم اکثریت کی مخالفت کے باوجود اللہ بخش کی وزارت کو قائم رکھا جائے۔

(۱۴) ہندوؤں اور کانگریسیوں سے حتمی طور پر ناامید ہو کر متعلّقہ مسلمان کارکنوں نے، جن کے رہنما جی ایم سیّد صاحب تھے، پہلی بار مسلم لیگ کی طرف رخ کیا۔ اس وقت تک سندھ میں مسلم لیگ کا نام ونشان بھی نہ تھا، حالاں کہ ہندوستان کے دوسرے حصّوں میں اس سے پہلے ہی، ۱۹۳۵ سے، اس تحریک کا نیا اور آخری دور شروع ہو چکا تھا۔

(۱۵) ۱۹۳۸ کے آخر میں سندھ کی سرزمین پر پہلی بار کراچی شہر میں قائداعظم کی صدارت میں مسلم لیگ کی کانفرنس منعقد ہوئی جس کے سلسلے میں ہندوستان کے مختلف صوبوں کے مسلم لیگ کے رہنما سندھ میں آئے۔ کانفرنس بلانے کا فوری مقصد محض یہ تھا کہ اللہ بخش کی وزارت کے خلاف آواز اٹھائی جائے، مگر ایک سیاسی سیلاب کو بند توڑ کر اپنی طرف رخ کرا لینے کے بعد کون روک سکتا تھا! کانفرنس کے نتیجے میں ہندوؤں نے پہلے سے بھی بڑھ کر اللہ بخش کی پشت پناہی شروع کر دی اور کانگریس کے نام پر خود بھی پہلے سے زیادہ مضبوط ہو گئے۔

(۱۶) یہ کانفرنس اتنے عظیم پیمانے پر ہو رہی تھی کہ اسے دیکھ کر ہندوؤں کو فوراً ہوا کے رخ کا اندازہ کر کے محسوس کر لینا چاہیے تھا کہ ان کی شروع کی ہوئی پالیسی ہندو اقلیت اور مسلمان اکثریت کو مستقلاً ایک دوسرے سے جدا کر رہی ہے اور صوبے کی سیاست کو ہمیشہ کے لیے فرقہ وارانہ رنگ دے رہی ہے جس کا نتیجہ جلد یا بدیر اقلیت ہی کے لیے نقصان دہ ثابت ہو گا۔ مگر ہندوؤں نے تدبر اور دوراندیشی کا مظاہرہ کرنے کے بجائے زیادہ شوخی اور ضد کا راستا اختیار کیا۔

(۱۷) آخر اسی کانفرنس میں، سندھ کے ہندوؤں سے ناامید مسلمان ور کروں کی تجویز پر، پاکستان سے متعلّق پہلی بار قرارداد منظور کی گئی۔ سندھ مسلم لیگ کانفرنس نے آل انڈیا مسلم لیگ سے استدعا کی کہ چوں کہ ہندو یہ فیصلہ کر چکے ہیں کہ مسلمانوں کے اکثریتی صوبوں میں بھی مسلمانوں کو کوئی فائدہ اٹھانے کا موقع نہ دیا جائے، اس لیے اب آل انڈیا مسلم لیگ کو کوئی ایسی اسکیم تیار کرنی چاہیے جس کے تحت مسلم اکثریت کے صوبے ہندوستان سے الگ ہو کر اپنے طور پر ایک علیحدہ فیڈریشن قائم کر سکیں، جس کی بنیاد پر آگے چل کر پاکستان کا پورا نقشہ تیار کیا گیا۔

(۱۸) اس کے بعد بھی ہندوؤں کو عقل نہ آئی۔ سکھر کے مسلمانوں نے سرکار سے مطالبہ کیا کہ بندر پر ویران حالت میں پڑی منزل گاہ کی عمارتیں چوں کہ اولاً مسجد کے طور پر تعمیر اور استعمال کی گئی تھیں، اس لیے ان کا قبضہ واپس مسلمانوں کے حوالے کیا جائے۔ ہندوؤں نے حسبِ دستور اس مطالبے کو بھی ایک سیاسی اِشو بنا کر اس مطالبے کی مخالفت شروع کر دی۔ انھوں نے اللہ بخش پر دباؤ ڈالا کہ کسی بھی صورت میں مسلمانوں کی خواہش پوری نہ ہونے دیں۔ چناں چہ اللہ بخش نے انکار کر دیا اور مسلمانوں نے ستیہ گرہ شروع کر دی۔ اللہ بخش نے سختی دکھائی تو ستیہ گرہ نے خوں ریزی کی شکل اختیار کر لی۔

سیکڑوں ہندو مارے گئے، ہزاروں مسلمان گرفتار ہوے۔ آخر میں مجبور ہو کر ہندوؤں کو اللہ بخش کی وزارت ختم کر کے خود اپنے ووٹوں سے مسلم لیگیوں کو وزارت کی مسند پر بٹھانا پڑا۔ اس دوران میں سر گباشی بھگت کنور رام بھی، ریل کے سفر کے دوران، رک اسٹیشن پر خواہ مخواہ قتل ہو گیا۔

(۱۹) مگر جب منزل گاہ کا مسئلہ ختم ہوا اور صوبے میں سکون ہونے لگا تو ہندوؤں کو دوبارہ اللہ بخش کی یاد ستانے لگی۔ انھوں نے فوراً لیگ وزارت کو ڈھا کر اللہ بخش کو دوبارہ اقتدار میں پہنچا دیا۔

(۲۰) سندھ کے مسلمان پہلے سے بھی زیادہ جوش سے پاکستان تحریک میں شامل ہو گئے۔ انھوں نے نہ صرف بلکہ پورے ہندوستان میں، اپنے صوبے کی مثال سامنے رکھ کر، پاکستان کے حق میں کام کرنا شروع کر دیا۔ پورے ہندوستان میں سندھ کی اسمبلی پہلا قانون ساز ادارہ تھا جس نے پاکستان کے حق میں باقاعدہ قرارداد منظور کی تھی۔

(۲۱) آخر ۱۹۴۷ میں پاکستان قائم ہو گیا اور سندھ کے ہندوؤں کو اپنا وطن چھوڑ کر ہندوستان جانا پڑا۔

(۲۲) ۱۹۴۸ میں کراچی کو سندھ سے الگ کر دیا گیا۔

(۲۳) ۱۹۵۵ میں سندھ بطور ایک علیحدہ صوبے کے ختم ہو کر مغربی پاکستان کا حصّہ بن گیا۔

***

حیدرآباد فرخندہ بنیاد کے معاشرے کا آنکھوں دیکھا نقشہ

گذشتہ حیدرآباد

مصنف : رائے محبوب نارائن

بین الاقوامی ایڈیشن منظر عام پر آچکا ہے